Wilhelm Busch

Der Schmetterling & Die fromme Helene

Zum 11. Verlagsjubiläum erscheint diese Ausgabe,
von der 111 Exemplare
durchgehend nummeriert sind.
Eine unverkäuflicheTeilauflage trägt die römischen Nummern
von I bis XI.
Dieses Buch hat die

№

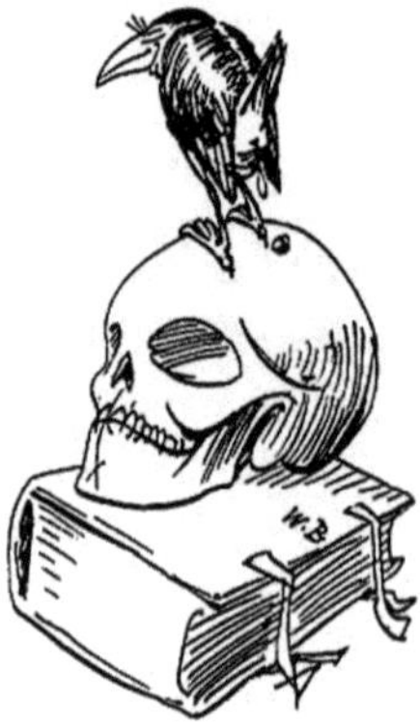

Wilh. Busch.

Wilhelm Busch

Der Schmetterling & Die fromme Helene

Eine Erzählung und eine Bildgeschichte

Herausgegeben von Olaf R. Spittel

VERLAG 28 EICHEN
BARNSTORF

Der Schmetterling.
Erstveröffentlichung in der Bassermann'schen
Verlagsbuchhandlung, München 1895.

Die Fromme Helene.
Erstveröffentlichung in der Bassermann'schen
Verlagsbuchhandlung, München 1872.

Die Deutsche Bibliothek verzeichnet diese Publikation
in der Deutschen Nationalbibliographie.
Detaillierte bibliographische Daten sind im Internet über
http://dnb.ddb.de abrufbar.
ISBN 978-3-940597-80-9

Cover unter Verwendung einer Zeichnung von Wilhelm Busch:
Die Zeichnung auf der 4. Umschlagseite ist das früheste
Selbstportrait von Wilhelm Busch aus dem Jahre 1846.

Inhalt

Der Schmetterling

Kinder, in ihrer Einfalt, fragen immer und immer: Warum? Der Verständige tut das nicht mehr; denn jedes Warum, das weiß er längst, ist nur der Zipfel eines Fadens, der in den dicken Knäuel der Unendlichkeit ausläuft, mit dem keiner recht fertig wird, er mag wickeln und haspeln, so viel er nur will.

Vor Jahren freilich, als ich eben den kleinen Ausflug machte, von dem weiter unten berichtet wird, da dacht ich auch noch oft darüber nach, warum grad mir, einem so netten und vorzüglichen Menschen, das alles passieren mußte. Jetzt sitz ich da in sanfter Gelassenheit und flöte still vor mich hin, indem ich kurzweg annehme: Was im Kongreß aller Dinge beschlossen ist, das wird ja wohl auch zweckgemäß und heilsam sein.

Mein Name ist Peter. Ich bin geboren anno dazumal, als man die Fräuleins Mamsellen nannte und die Gänse noch Adelheid hießen, auf einem einsamen Bauerngehöft, gleich links von der Welt und dann rechts um die Ecke, nicht weit von der guten Stadt Geckelbeck, wo sie alles am besten wissen.

Daselbst in der Nähe liegt auch der unergründliche Grummelsee, in dem bekanntlich der Muddebutz, der langgeschwänzte, sein tückisches Wesen treibt. Frau Paddeke, die alte, zuverlässige Botenfrau, hat ihn selbst mal gesehn, wie er den Kopf aus dem Wasser steckte; und scharf und listig hat er sie angeschaut, mit der überlegenen Ruhe und Kaltblütigkeit eines vieltausendjährigen Satans.

Meine Mutter starb früh. Der Vater und der brave Knecht Gottlieb bestellten fleißig die Felder. Mein hübsches Bäschen Katharine führte die häusliche Wirtschaft.

Da ich meinerseits, obwohl ich ein stämmiger Schlingel geworden, weder zum Pflügen noch zum Häckerlingschneiden die mindeste Neigung zeigte, schickte mich mein Vater in die Stadt zu Herrn Damisch, dem gelehrten Magister, der mich jedoch bereits nach ein paar Jahren, als nicht ganz zweckentsprechend, bestens dankend zurückgab.

Hierauf, nachdem ich so ein Jährchen verbummelt hatte, kam ich zu dem hochberühmten Schneidermeister Knippipp in die Lehre nebst Kost und Logis.

„Auch ein vornehmes Metier!“ meinte der Vater. „So ein Schneider kann sein Brot im Trockenen verdienen wie der feinste Schulmeister, ob’s regnet oder schneit.“

Schon nach neun Monaten spülten mich die dünnen Wassersuppen der dicken Frau Meisterin wieder der Heimat zu.

Ich hatte mich fein gemacht. Strohhut, himmelblauer Schniepel; stramme gelbe Nankinghose; rotbaumwollenes Sacktuch. Aber diesmal war der Vater wirklich sehr ärgerlich. Er griff zum Ochsenziemer; und er hätte sein böswilliges Vorhaben auch sicherlich ausgeführt, wenn ihn der brave Gottlieb und das gute Kathrinchen, er vorne, sie hinten, nicht entschieden gehemmt hätten

Den Winter blieb ich zu Haus. Ohne grad viel aufs Essen zu geben, stand ich gern hinter dem hübschen Bäschen in der Küche herum. Mitunter nahm ich ihr eine Stecknadel weg und stach sie mir kaltblütig durchs Ohr. Auch tanzte ich zuweilen waghalsig auf dem gefährlichen Brunnenrande, und wenn das Kathrinchen zusah und es grauste ihr tüchtig, das war mir grad recht. Dann wieder konnt ich dastehn in tiefster Versimpelung, wie ein alter Reiher im Karpfenteich. Ein besonders hoher Genuß war mir's aber, so des Abends auf er Bank hinter dem Ofen zu liegen und zuzusehen, wie das Kathrinchen Bohnen aushülste und der Gottlieb Körbe flocht. Bei dem Anblick dieser kleinen, krausen, krispeligen Tätigkeit überkam mich immer so ein leises, feines, behagliches Gruseln. Oben in den Haarspitzen fing's an, kribbelte den Rücken hinunter und verbreitete sich über die ganze Haut, während meine Seele gar sanft aus den Augen herauszog, um ganz bei der Sache zu sein, und mein

Körper dalag wie ein seliger Klotz. Eines Abends stieg ich auch mal heimlich in den Lindenbaum, weil ich gern mal sehen wollte, wie das Kathrinchen zu Bette ging. sie betete grad ihren Rosenkranz. Als sie aber anfing sich auszuziehn und die Geschichte bedenklich wurde, machte ich Ahem! und Phütt! war die Lampe aus. Am andern Nachmittag wurde an einer grünen Gardine genäht.

Mein Stübchen lag oben im Giebel. In einem dicken Legendenbuche las ich bis spät in die Nacht hinein. Wenn dann der Wind sauste und der Schnee ans Fenster klisperte, fühlte ich mich so recht für mich als ein behaglicher Herr.

Die Hexen hatten ihren Strich da vorbei; sie zügelten zuweilen ihre Besen und lugten durch die Scheiben; meist alte Hutzelgesichter, als wären sie gedörrt worden am höllischen Feuer. Mal aber war's eine junge, hübsche. Sie hatte eine Schnur von Goldmünzen ins Haar geflochten. Sie blinzelte und lachte. Ihre weißen Zähne blitzten, wie ihr das Licht ins Gesicht schien, gegen den dunklen Hintergrund.

Als der Sommer kam, als die Welt eng wurde von Laub und Blüten, macht ich mir ein Netz und jagte nach Schmetterlingen. So herumzustreifen in leichtsinniger Freiheit, oder mich niederzulegen zu beliebiger Ruhe, das war mein Fach; und hupfen, wie der rührigste Heuschreck, das konnt ich auch.

Eines Sonntagmorgens, während die andern zur Messe waren, macht ich mich hübsch und ging aus der Hintertür, das Netz in der Hand, den Frack voller Pflaumen. Hell schien die Sonne. Vom Garten ins Feld, vom Feld in die Wiesen dämelt ich glücklich dahin. Schmetterlinge flogen in Menge. Von Zeit zu Zeit erhascht ich einen, besah ihn und ließ ihn fliegen, denn von der gewöhnlichen Sorte hatt ich längst alle Kasten voll.

Aber jetzt, in der Ferne, flog einer auf, den kannt ich noch nicht. Ich los hinter ihm her über Hecken und Zäune, wohl zwei, drei Stunden lang in einer Tour, bis mir's schließlich zu dumm wurde. Unwillig warf ich mich ins Gras. Oben in der Luft schwebte ein Habicht. Vertieft in seine sanften Bogenzüge, war ich bald eingedämmert. Als ich erwachte, wollte die Sonne schon untergehn, und da es die höchste Zeit war, nach Hause zu eilen, kletterte ich auf einen Baum am Rande des Waldes, um zu sehen, wo ich denn eigentlich wäre. Nichts als unbekannte Gegend in der Weite und Breite. Erst verdutzt, dann heiter und gleichgültig, ergab ich mich in mein Schicksal. Ich stieg herab, suchte einen gemütlichen Platz, setzte mich und fing an, Pflaumen zu essen. Plötzlich, mir stockte der Atem vor freudigem Schreck, kam er angeflattert, der reizende Schmetterling, geschmückt mit den schönsten Farben der Welt und ließ sich frech auf der

Spitze meines Fußes nieder. Leise hob ich das Netz; ich zielte bedachtsam. Witsch! dort flog er hin. Aber gut gezielt war's doch, denn mit dem eisernen Netzbügel hatte ich richtig die kleine Zehe gestreift, genau da, wo sie am allerempfindlichsten war. Ich sprang auf, tanzte auf einem Bein und pfiff dazu.

„Ähä!" lachte wer hinter mir. „Aufs Auge getroffen!"

Ein hübscher, blasser Bursch, gekleidet wie ein Jägersmann, saß unter einer Buche.

„Ich bin der Peter!" sag ich und setzte mich zu ihm.

„Und ich der Nazi!" sagt er.

Um seien linken Arm ringelte sich eine silberglänzende Schlange, die auf dem Kopf ein goldenes Krönchen hatte, und auf seinen Knien hielt er ein Vogelnest mit kleinen, blaugrünen Eiern darin.

„Ein verdächtiges Vieh!" sagt ich mißtrauisch. „Es beißt wohl auch?"

„Mich nie. Gelt, Cindeli!" sprach er, indem er ihr ein Ei hinhielt.

Ich trug auf der bloßen Brust ein Medaillon, eine Goldmünze, das Geschenk eines Paten. Die Schlange machte sich lang danach.

„Sie wittert das Gold", sagte der Jäger.

„Teufel, duck dich!" rief ich und gab ihr mit dem Stiel meines Netzes einen kurzen Hieb über die Nase.

Zornig zischend fuhr sie zurück, wickelte sich los und schlüpfte raschelnd ins Gebüsch. Der Jäger, nachdem er mir vorher noch schnell einen Stoß auf den Magen versetzt hatte, daß ich die Beine aufkehrte, lief hinter ihr her.

Allmählich wurde es im Walde pechteertonnendunkel. Die Luft war mild. Ich lehnte mich an den Baumstamm und entschlief augenblicklich, ja, ich kann wohl sagen, noch eher.

Überhaupt, schlafen, das konnt ich ohne jede Mühwaltung; und fest schlief ich auch, fast so fest, wie die Frau mit dem guten Gewissen, der die Ratten über Nacht die große Zeh abfraßen, ohne daß sie was merken tät.

Erst die Mittagssonne des nächsten Tages öffnete mir die Augen. Und wahrhaftig; da saß er schon wieder, drei Schritt weit weg, mein kunterbunter Schmetterling, auf einem violetten Distelkopfe, und fächelte und ließ seine ausgebreiteten Flügel verlockend in der Sonne schimmern. Mit kunstvoller List schlich ich näher. Vergebens. Genau eine Sekunde vorher, eh ich ihn erreichen konnte, flog er ab wie der Blitz, und dann noch einmal und noch einmal, und dann Fiwitz! mit einem eleganten Zickzackschwunge weg war er über eine haushohe Dornenhecke.

„Zu dumm!“ dacht ich laut, denn ich war sehr erhitzt. „So ein klein winziges Luder; will sich nicht kriegen lassen; ist extra zum Wohle des Menschen geschaffen und verwendet doch seine schönen Talente nur für die eigenen selbstsüchtigen Zwecke. Es ist empörend!“

Im Eifer der Verfolgung hatt ich den einen Stiefel im Sumpf stecken lassen, und zwar so tief, so daß ich erst eine Zeitlang tasten und grabbeln mußte in der schwarzen Suppe, ehe ich ihn wiederfand. Ich schüttete den Froschlaich heraus, wusch mich und ging nun, nachdem ich mich abgekühlt und besänftigt hatte, in einem gemäßigten Bummelschritte einem fernen Hügel entgegen, über den sich als heller Streifen die Landstraße hinzog. Hier hofft ich ortskundige Leute zu treffen, die mir sagen konnten, wie ich nach Hause käme.

Auf einem Meilensteine saß ein älterer Mann, der eine ungewöhnlich breitschirmige Mütze trug. Zwischen seinen Knien hielt er einen grauhaarigen Hund.

„Guter Vater!“ sprach ich ihn an. „Ich möchte gern nach der Stadt Geckelbeck.“

„Genehmigt!“ gab er zur Antwort.

„Könnt Ihr mir vielleicht zeigen, wo der Weg dahin geht?“

„Ne! ich bin rundherum blind.“

„Schon lange?“ fragte ich teilnahmsvoll.

„Fast neunundfünfzig Jahr; nächsten Donnerstag ist mein dreiundfünfzigster Geburtstag."

„Was? Schon sechs Jahre vor Eurer Geburt?"

„Sogar sieben, richtig gerechnet. Ich wollte schon damals gern in die Welt hinein, tappte im dunkeln nach der Tür, fiel mit dem Gesicht auf die Hörner des Stiefelknechts, und das Unglück war geschehen."

„Dann laßt Euch raten, Alter!"" sagt ich. „Und schielt nicht zu viel nach hübschen Mädchen, denn das hat schon manchen Jüngling zu Fall gebracht."

„Faß!" schrie der Blinde und ließ den Hund los.

Ich nahm aber die Frackschöße unter den Arm, steckte mein Schmetterlingsnetz nach hinten zwischen die Beine durch, wedelte damit und ging so in gebückter Stellung meines Weges weiter; eine Erscheinung, die dem Köter so neu und unheimlich vorkam, daß er mit eingeklemmtem Schweife sofort wieder umkehrte.

Vor mir her schritt ein Bauer, der weder rechts noch links schaute, und da er einen ernsten, nachdenklichen und vertrauenerweckenden Eindruck machte, beschloß ich, an ihn eine Frage zu richten.

„He!" rief ich. Er gab nicht acht darauf. „He!" rief ich lauter. Er ließ sich nicht stören in seinen Betrachtungen. Jetzt, als ich dicht hinter ihm war, klappte ich ihm mein Netz über den Kopf. Oh, wie erschrak er da. Ich hörte deutlich, wie ihm das Herz in die Kniekehle fiel.

„Könnt Ihr mir nicht sagen, guter Freund, wo Geckelbeck liegt?" fragte ich und hob das Netz.

Er hatte sich umgedreht. Er kniff die Augen zu, riß den Mund auf, so daß seine dicke, belegte Zunge zum Vorschein kam, streckte die Daumen in die Ohren, spreizte die Finger aus und schüttelte traurig mit dem Kopfe.

„Döskopp!“ rief ich in meiner ersten Enttäuschung, sah aber dabei ungemein freundlich aus.

Der Taubstumme, der dies wohl für einen verbindlichen Abschiedsgruß hielt, zog ergebendst seine Zipfelkappe, obgleich er eine bedeutende Glatze hatte.

Der Abend kam. Auf einem Acker rupft ich mir ein halb Dutzend Rüben aus, und da ein starker Tau den Boden benetzte, stieg ich in eine Tanne, band mich fest mit den Frackschößen und machte mich sodann über die saftigen Feldfrüchte her, daß es knurschte und knatschte. Von der letzten, bei der ich entschlummert war, hing mir die Hälfte nebst dem Krautbüschel noch lang aus dem Munde heraus, als ich am andern Nachmittag wieder erwachte. Schnell stieg ich herab, erfrischte mich in einer Quelle und kehrte auf die Landstraße zurück. Ich befand mich in der heitersten Laune; ich wußte es, eine innere Stimme sagte es mir: Dir wird heute noch besonders was Gutes passieren.

In diesen angenehmen Vorahnungen störten mich die Klagelaute eines Bettlers, der, den Hut in der Hand, auf mich zukam.

„Junger Herr!“ bat er. „Schenk mir doch was. Ich habe sieben Frauen – ach ne! sieben Kinder und eine Frau, und meine Eltern sind tot, und meine Großeltern sind tot, und meine Onkels und Tanten sind tot, und ich habe niemanden in dieser weiten, harten, grausamen Welt, an den ich mich wenden könnte, als grad Euch, schöner Herr.“

Bei diesen Worten erwärmte sich meine angeborene Großherzigkeit. Ich hatte siebzehn einzelne Kreuzer im Sack. Mit dem Gefühl einer behaglichen Erhabenheit warf ich zehn davon in den Filzhut des Bettlers.

Kaum war dies geschehen, so nahm er einen Kreuzer wieder heraus und legte ihn mir vor die Füße.

„Hier, mein Bester“, sprach er, „schenk ich Euch den zehnten Teil meines Vermögens. Seid dankbar und vergeßt den edlen Geber nicht, der sich bescheiden zurückzieht.“

Nach kurzer Erstarrung lief ich hinter dem Kerl her, um ihn einen Tritt auf die Wind- und Wetterseite zu geben. Aber er hatte die Tasche voller Steine. Er traf so geschickt damit, daß mir, trotzdem ich das Netz vorhielt, schon beim zweiten Wurf ein ganz gesunder Vorderzahn direkt durch den Hals in die Luftröhre flog, worauf ich wohl eine Stunde lang husten mußte, ehe ich ihn wieder herauskriegte.

Ich pflückte mir Felderbsen in mein Netz, ließ die grünen, angenehm kühlen Pillen durch die entzündete Gurgel rollen und füllte mir so zugleich den begehrlichen Leib mit jungem Gemüse. Dann zog ich mich in ein Gehölz zurück und legte mich, das Gesicht nach oben, schlichtweg zur Ruhe nieder.

Den folgenden Tag hätt ich sicher verschnarcht, wär mir nicht gegen Mittag ein Maikäfer in den weitgeöffneten Mund gefallen. In dem Augenblick, als er sich anschickte, in die Tiefen meines Wesens hinunterzukrabbeln,erwachte ich. Der Wind schüttelte die Wipfel.

Übrigens knurrte mein Magen wegen fader Beköstigung, und so machte ich mich denn auf und ruhte nicht eher, bis ich in ein Wirtshaus gelangte, wo ich mir eben für meine letzten Kreuzer etwas Derbes bestellen wollte, als ein wohlgemästeter Bauer, der sehr lustig aussah, in die Stube trat und sich zu mir an den Tisch setzte.

„Euch ist wohl!“ sag ich.

„Mit Recht!" sagt er. „Hab den Schimmel verkauft auf dem Markt.“

„Brav’s Tier vermutlich.“

„Das grad nicht. Alle Woche mal, oder wenn’s ihm grad einfällt, haut er die Sterne vom Himmel herunter und den Kalk aus der Wand.“

„Da habt Ihr den Käufer jedenfalls gewarnt.“

„Was!“ entgegnete der Bauer und wurde ganz traurig und niedergeschlagen. „Gott erhalte jedem ehrlichen Christenmenschen seinen gesunden Verstand. Seh ich wirklich so dumm aus?“

„Hört mal!“ sag ich. „Dann seid Ihr ja einer der größten Halunken, die auf den Hinterbeinen gehn zwischen Himmel und Hölle.“

„So hör ich's gern!“ rief der Bauer und sein Gesicht klärte sich auf. „Gelt ja? Ich bin ein Teufelskerl. He, Wirt! Gebt diesem netten Herrn ein belegtes Butterbrot und ein Glas Bier auf meine Rechnung.“

Während ich aß, fiel es mir auf daß der Mann beständig durchs Fenster schielte. Plötzlich schien ihm was einzufallen. Er zahlte und sagte, er müßte notwendig mal eben hinaus, aber er käme gleich wieder. Kaum war er fort, so hörte man ein hastiges Pferdegetrappel von der Landstraße her. Ich trat vor die Haustür.

Ein Schimmelreiter ohne Hut war angekommen und fragte ganz außer Pust:

„War kein Bauer hier mit einem dicken Bauch, einem dicken Stock und einer dicken Uhrkette?“

„Das stimmt!“ sag ich. „Er ging nur mal eben zur Hintertür hinaus.“

„So ein Hundsfott!“ schrie der Reiter. „So ein Mistfink! Lobt und preist mir der Kerl den Schimmel an, der den Teufel und seine Großmutter im Leib hat.“

„Ja!“ sag ich gelassen. „Dummheit muß Pein leiden.“

Krebsrot vor Zorn hob der Schimmelreiter die Peitsche. Ich schwenkte mein Schmetterlingsnetz.

Auf dieses Zeichen schien der Schimmel gewartet zu haben. Er vergrellte die Augen, spitzte die Ohren, ging verquer, ging rückwärts, er drückte ein Fenster ein unter starkem Geklirr, er wieherte hinten und vorn, und dann, mit einem riesigen

Potzwundersatze, weg war er über die Planke.

Ich lief, um nachzusehen, vor den Hof. Der Schimmel war nur noch ein undeutlicher Punkt ganz in der Ferne; der Reiter hing deutlich im Pflaumenbaum ganz in der Nähe.

Die folgende Nacht verschlief ich unter einer Wiesenhecke. Eine Grasmücke, das graue Vöglein mit schwarzem Käppchen, weckte mich in der Früh durch seinen lieblichen Gesang. Ich blieb noch liegen und horchte. Durch Zweige und zierliche Doldenpflanzen sah ich in die sonnige Welt. Heuschrecken geigten an ihren Flügeln, indem sie die Hinterbeine als Bogen benutzten. Schwebefliegen blieben stehn in der Luft und starrten mich an aus ihren Glotzaugen. Endlich erhob ich mich und nahm in einem klaren Wassertümpel mein Morgenbad. Natürlich, grad wie mir's am wohlsten drin ist, kommt mein ersehnter Schmetterling dahergeflogen und flattert mir neckisch vor der Nase herum. Ich heraus, zieh mich an, eile ihm nach, von Wiese zu Wiese, den ganzen Tag bis dicht vor ein Städtchen. Hier schwang er sich über die Stadtmauer, hoch in die Lüfte, nach dem Wetterhahn hin auf der Spitze des Kirchturms.

Der Abend dämmerte bereits. Auf dem Walle lief ein Mann hin und her, einsam und unruhig. Er hatte den Zeigefinger an die Stirn gelegt und sagte in einem fort das Abc her, bald vor-, bald rückwärts. Ehe ich ihm ausweichen konnte, stieß er mir mit dem Kopf vor die Brust. Nun riß er die Augen weit auf und schrie mich an:

„Ha! Wie heißt er?“

„Ich heiße Peter!“ sag ich.

„Nein, Er, Er, mit dem ich vor zehn Jahren im Monat Mai drei Wochen lang herumgewandert bin an der polnischen Grenze.“

„Gewiß ein Herzensfreund.“

„Nein, gar nicht.“

„Oder er ist Euch was schuldig.“

„Keinen Heller.“

„Na!“ sag ich. „Dann nennt ihn Hans und laßt ihn laufen, wohin er will.“

„Mensch!“ rief er. „Ich bin Ausrufer in dieser Stadt. Lesen kann ich nicht; meine Frau sagt’s mir vor, bis ich’s auswendig kann; läßt’s Gedächtnis nach, ist der Dienst verloren. Neulich, beim Kaffee, ich stecke die Pfeife an, da, so beiläufig, denk ich: Der, der, wie heißt er nur gleich? Und da hat’s mich gehabt. Und ich sah ihn doch so deutlich vor mir, als wär’s heut oder übermorgen. Er war links und kratzte sich auch so; er zwinkerte immer mit dem linken Auge, und sein linkes Bein war krumm, und im linken Ohrläppchen trug er einen Ring von Messing, und Schneider war er auch. Oh, der Name, der Name!“

Die Beschreibung paßte genau auf meinen früheren Meister.

„Hieß er nicht Knippipp?“ sag ich so hin.

Ein heller Freudenblitz zuckte über sein blasses Angesicht. Mit den Worten: „Knippipp, ich habe dich wieder!“ fiel er mir um den Hals und weinte einen Strom von Freudentränen hinten in meinen Kragen, daß es mir ganz heiß den Rücken hinabrieselte.

In der Fülle seiner Dankbarkeit ersuchte er mich, ihn nach Hause zu begleiten und bei ihm zu übernachten; und oh! wie freuten sich seine Frau und seine Kinder, als sie sahen, daß sie wieder einen vergnügten und brauchbaren Vater hatten.

Zu Abend gab es Zichorienkaffee mit den üblichen Zutaten. Die Kinder tranken sehr viel, und ich meinte, es sei wohl nicht ratsam, wenn sie kurz vor dem Schlafengehen so viel Dünnes kriegten; aber die Eltern waren der Ansicht, man müsse dem Drange der Natur freien Lauf lassen.

Als wir fertig waren, baten die drei Kleinsten: „Nicht wahr, Papa? Wir schlafen bei dem fremden Onkel!“

So geschah es denn auch. Die Nacht, die ich unter diesem gastlichen Dache zubrachte, war eine der unruhigsten, wärmsten und feuchtesten Sommernächte, die ich jemals erlebt habe.

Bei Anbruch des Tages tranken wir wieder gemeinsam Kaffee und aßen Brot mit Zwetschenmus dazu. Die Kinder waren sehr zutunlich; besonders der Zweitjüngste spielte gar traulich zwischen meinen Frackschößen herum.

Daß meine einfachen Gastgeber, von denen ich einen zärtlichen Abschied nahm, über die Lage von

Geckelbeck auch nicht die mindeste Auskunft zu geben vermochten, hatt' ich mir gleich gedacht. So beschloß ich denn, eh ich wieder ins Weite zog, mich in der Stadt etwas näher zu erkundigen.

Ohne Erfolg befragt ich einen Lehrjungen, der die Läden aufmachte; einen Betrunkenen, der nach Hause ging; einen Großvater, der die Hand aus dem Fenster hielt, um zu fühlen, ob's regnete. Zu guter Letzt wollt ich noch mal eben an eine vertrauenerweckende Haustür klopfen. Im selben Moment wurde sie aufgestoßen, und ein Dienstmädchen goß den Spüleimer aus. Hätt' ich nicht flink die Beine ausgespreizt und einen ellenhohen Hupfer getan, so wäre mir der vermischte Inhalt direkt auf den Magen geplatscht. Auf meine Anfrage wischte sich das gesunde Mädchen freilich mit seinem roten Arm ein paarmal nachdenklich unter der Nase her; indes von Geckelbeck wußte sie nichts, und einen, sagte sie, der es wüßte, oder einen wüßte, der es wüßte, wüßte sie auch nicht.

Ich schlenderte zum Tor hinaus. Von der Morgensonne beschienen, mitten auf der Chaussee, war eine Gesellschaft von Sperlingen mit der Obsternte beschäftigt. Es waren jene bemerkenswerten Früchte, genannt Roßäpfel, welche Winter und Sommer reifen. Dieser Anblick erinnerte mich lebhaft an meine ländliche Heimat.

Jetzt, dacht ich, sitzen sie wohl da um den Tisch herum und verzehren ihr Morgensüppchen und denken: Wo mag der Peter sein? Und der Vater wischt sich schweigend den Mund ab mit dem Rockschlappen, und der Gottlieb geht hin und mistet den Pferdestall, und mein gutes Kathrinchen füttert die Hühner, und das schwarze mit der Holle frißt ihr das Brot aus der Hand, aber das gelbe ohne Schwanz will nicht mitfressen, sondern steht traurig und aufgeblustert abseits, auf einem Bein, denn es hat noch immer den Pips.

Einige dicke, heimwehmütige Tränen, ich muß gestehn, rannen mir langsam über die Backen herunter. Ich zog das Taschentuch und rieb mir gründlich mein Angesicht. Es wurde mir so sonderbar schwarz vor den Augen, und jetzt merkt ich, was los war. Das kleine, liebevolle Söhnchen meines vergeßlichen Gastfreundes hatte dem fremden Onkel, eh er Abschied nahm, noch heimlich in sein rotes, baumwollenes Sacktuch einen tüchtigen Klecks Zwetschenmus eingewickelt und mit auf die Reise gegeben. Ich sah mich nach Wasser um. Ei, sieh! Am Stamm eines Kastanienbaumes saß mein neckischer Schmetterling.

„Sitz du nur da!“ murmelte ich verächtlich aus dem linken Mundwinkel. „Ich will dich nicht, und ich möchte dich nicht, und wenn du die Prinzessin Triliria selber wärst und brächtest bare fünfhundert Gulden mit in die Aussteuer und keine Schwiegermutter.“

Aber schon war ich in Schleichpositur und gleich drauf in vollem Galopp. Inmitten eines kleinen Teiches endlich ließ sich das bunte Flattertier auf einem Schilfbüschel nieder und klappte seelenruhig die Flügel zusammen. Mindestens zwei Stunden lang saß ich am Ufer und wartete. Vergebens macht ich öfters Kischkisch! Und Steine zum Werfen waren nicht da. Endlich zog ich mich aus, nahm das Netz quer in den Mund und schwamm vorsichtig näher.

Unterdes machte ich eine Entdeckung, die mich veranlaßte, in Eile wieder umzukehren. Es war ein Blutegelteich. Bereits waren meine Beine und sonstigen Körperteile gespickt mit begierigen Säuglingen, und wohl mir, daß eine Grube voll Streusand in der Nähe lag, worin ich mich wälzen konnte. Als die Viecher den Sand zwischen die Zähne kriegten, was ja niemand gern hat, ließen sie sofort locker und purzelten rücküber in den Staub, welcher sie dermaßen austrocknete, daß sie bald zehnmal dünner waren als vorher und tot obendrein.

Währenddem saß mein Schmetterling auf seinem Schilfstengel, als wollt er daselbst in aller Ruhe den Rest seiner Tage verleben mit voller Pension.

Schnell zog ich mich an und eilte in den Wald, um mir einen dürren, handlichen Ast zu holen. Einer lag da, der war ganz morsch; ein zweiter lag da, der war mir zu zackicht; ein dritter saß noch am Baume fest. Ich hätte übrigens gar nicht so stark dran zu reißen brauchen, denn schon beim ersten

Ruck gab er nach, so daß ich mit unerwarteter Geschwindigkeit auf den zweiten zackichten zu sitzen kam, der glücklicherweise ebenso morsch war wie der erste.

In der Hand den erwählten Knittel, lief ich nun unverzüglich an den Teich zurück, um durch einen wohlgezielten Wurf den hinterlistig geruhsamen Schmetterling aus seiner Sicherheit aufzuscheuchen. Sein Platz stand leer. Ich legte mich hin, wo ich stand und schlief sofort ein, trotz meines Ärgers und des vernehmlichen Gebells meines unbefriedigten Magens.

Ausnahmsweise recht früh, schon im Laufe des Vormittags, erwacht ich. Nachdem ich mir das Zwetschenmus, das inzwischen zu einer harten Kruste erstarrt war, mit Sand aus dem Gesichte gerieben, denn ich zog doch eine Reinigung auf trockenem Wege einer solchen mit dem Wasser des verdächtigen Teiches vor, begab ich mich auf die Suche nach einem Rübenacker, wo ich zu frühstücken gedachte. Ich fand einen Landmann dasitzend, der eben sein Sacktuch aufknüpfte und für den Morgenimbiß ein erhebliches Stück Speck entwickelte. Sofort sammelte sich in meiner Mundhöhle die zur Verdauung so nützliche Feuchtigkeit. Ich bot ihm drei Kreuzer, wenn er mir was abgäbe. Er tat's umsonst, fügte noch eine knusperige Brotrinde hinzu und wünschte mir gute Verrichtung.

Munter dreinhauend spaziert ich weiter. Den letzten Rest der Mahlzeit, nämlich die treffliche, zähe, salzige Schwarte, schob ich hinter die Backenzähne, so daß ich die Freude hatte, noch eine Zeitlang dran lutschen zu können.

Dicht vor einem Dörflein begegneten mir zwei unbeschäftigte Enten, die lediglich zum Zeichen ihres Vorhandenseins durchdringend trompeteten. Da ich nunmehr die Schwarte bis aufs äußerste ausgebeutet hatte, nach menschlichen Begriffen, warf ich sie hin. Die geistesgegenwärtigste der zwei Schnattertaschen erwischte sie und eilte damit, vermutlich weil sie nichts abgeben wollte, durch das Loch einer Hecke. Die zweite, die wohl auch keinem andern was gönnte, wackelte emsig hinterher. Ich, natürlich, als Naturbeobachter, legte mich auf den Bauch und steckte den wißbegierigen Kopf durch die nämliche Öffnung.

Mir gegenüber, an einer gemütlichen Pfütze, sah ich zwei Häuschen stehn, und jedes Häuschen hatte ein Fenster, und hinter jedem Fenster lauerte ein Bub, ein roter und ein schwarzhaariger, und vor jedem Häuschen erhob sich ein beträchtlicher Düngerhaufen, und auf jedem Düngerhaufen stand ein Gockel, ein dicker und ein dünner, inmitten seiner Hühner, die eben ihre Scharrtätigkeit unterbrachen, um gespannt zuzusehn, was die zwei Enten da machten.

Vergebens bemühte sich die erste, durch Druck und Schluck die Schwarte hinter die Binde zu kriegen; sie war grad so um ein Achtelzöllchen zu breit. Hiernach durfte die zweite, die mit neidischer Ungeduld dies Ergebnis erwartet hatte, ans schwierige Werk gehn. Schlau, wie sie war, tauchte sie das widerspenstige Ding zuerst in die Pfütze, um's glitschig zu machen, und dann streckte sie den Schnabel kerzengrad in die Höhe und ruckte und zuckte; aber es ging halt nicht; und dann kehrten die beiden Enten kurz um und rüttelten verächtlich mit den Schwänzen, als sei ihnen an der ganzen Sach überhaupt nie was gelegen gewesen.

Kaum hatten dies die Hühner erspäht, so rannten sie herbei und versuchten gleichfalls ihr Glück, eins nach dem andern, wohl ihrer zwanzig; indes alle Hiebe und Stöße scheiterten an der zähen Hartnäckigkeit dieser Schwarte. Zuletzt kam ein munteres Schweinchen dahergetrabt und verzehrte sie mit spielender Geläufigkeit; und so blieb sie doch in der Verwandtschaft.

Während dieser Zeit hatten sich die beiderseitigen Gockel unverwandt angeschaut mit teuflischen Blicken; ohne Zweifel, weil sie sich schon lange nicht gut waren vonwegen der Damen. Plötzlich krähte der Dicke im Cochinchinabaß:

„Kockerokoh!"

Dieser verhaßte Laut gab dem Dünnen einen furchtbaren Riß. Mit unwiderstehlichem Vorstoß griff er den Dicken so heftig an, daß sich dieser aufs Laufen verlegte um die Pfütze herum. Der Dünne kam nach. Gewiß zehn Minuten lang liefen sie Karussell; bis der Dicke, dem vor Mattigkeit schon längst der Schnabel weit offen stand, unversehens unter Aufwand seiner letzten Kräfte seitab auf das Dach flog, wo er ein mächtiges Kockerokoh! erschallen ließ, damit nur ja keiner glauben sollte, er hätte den kürzeren gezogen.

Sofort schwang sich der Dünne auf den Gipfel des feindlichen Düngerhaufens; jedenfalls mit der Absicht, von dieser Höhe herab durch ein durchdringendes Kickerikih! im Tenor der Welt seinen Sieg zu verkünden.

Ehe er noch damit anfangen konnte, sah er sich veranlaßt, laut krächzend in die Höhe zu fliegen.

Der rothaarige Knabe, heimlich heranschleichend mit der Peitsche, versetzte ihm einen empfindlichen Klaps um die mageren Beine. Aber schon, aus dem Nachbarhaus, war der Schwarzkopf mit einer Haselgerte als Rächer des seinerseitigen Gockels herbeigekommen und erteilte dem Rothaarigen, grad da, wo die Hose am strammsten saß, einen einschneidenden Hieb.

Hell pfiffen und klatschten die Waffen. Man wurde intimer; man griff zu Haar und Ohren; man wälzte sich in die Pfütze; aus dem Kampf zu Lande wurde ein Seegefecht. Für mich ein spannendes Schauspiel. Ich war so begeistert, daß ich ermunternd ausrief: „Fest, fest! Nur nicht auslassen!“

Im selben Augenblick ruhte der Streit. Mein Kopf wurde bemerkt; eilig zog ich mich zurück. Aber sogleich waren die Schlingel hinter mir her. Sie warfen mich mit Erdklößen; ich drehte mich um und ermahnte sie, artig zu sein; sie schimpften mich Stadtfrack! Ich verwies sie ernstlich zur Ruhe, und nun schrien sie Haarbeutel! Haarbeutel! als ob ich betrunken wäre. Schleunige Flucht schien mir ratsam zu sein. Bald war ich weit voraus. Im Gehölz fand ich einen Baum, der von oben her hohl war. Umgehend saß ich drin, wie der Tobak im Pfeifenkopf, nicht zu fest und nicht zu locker.

Zwar die bösen Knaben folgten mir und kicherten und flüsterten sogar noch eine Zeitlang um den Baum herum; aber ich war ihnen zu schlau gewesen, denn ohne mich weiter zu belästigen zogen sie ab.

Mein Platz schien mir so recht geeignet zum Übernachten, und eben war ich im Begriff recht behaglich zu entschlummern, als ich unten was krabbeln fühlte.

„Zapperment!" dacht ich gleich. „Dies sind Ameisen!"

Schleunigst sucht ich mich emporzuarbeiten, um mir eine anderweitige Schlafstelle zu suchen; aber der Frack unterhalb mußte sich festgehackt haben und ließ mich nicht hochkommen, und ausziehn konnt ich ihn auch nicht, denn der Spielraum für die Ellenbogen war zu gering.

Indem, so hört ich Stimmen. Wie ich durch einen Spalt bemerken konnte, waren es zwei Kerls, die einen Esel am Strick hatten. Sie banden ihn an einen Ast dichtvor meiner Nase.

„Haha!" lachte der eine. „Den hätten wir ihm mal listig wegstibitzt."

„Wird keine Sünd sein!" meinte der andere. „Der alte Schlumann hat Geld wie Heu!"

Dann öffneten sie ihren Quersack, setzten sich und fingen an, fröhlich zu Nacht zu essen.

Unterdes hatten die Ameisen ihre Heerscharen vollzählig entwickelt. Sie krabbelten nicht bloß, sie zwickten nicht bloß, nein, sie ätzten mich auch mit ihrer höllischen Säure, und zwar an den empfindlichsten Stellen. Alle sonstigen Besorgnisse beiseite setzend, brüllt ich um Hilfe.

Die Spitzbuben, aufs äußerste erschreckt durch die gräßlichen Laute, um so mehr, als sie kein gutes Gewissen hatten, flohen eilig, ohne den Esel erst loszubinden, in das tiefste Dickicht des Waldes hinein. Ich schrie unaufhörlich, und der Esel fing auch an.

In diesem Augenblick kam ein Mann mit einer Laterne. Er streichelte den Esel und beleuchtete ihn von allen Seiten, und dann beleuchtete er auch mich in meiner Bedrängnis.

„Komm hervor aus dem Rohr!“ sprach er ernst.

„Der Frack, der Frack!“ schrie ich. „Der leidts halt nicht.“

„Da werden wir mal nachsehn!“ sprach er gelassen. „Ja, dies ist erklärlich; denn hier aus dem Astloch steht er heraus, zu einem Knoten verknüpft, und ein Stäbchen steckt als Riegel dahinter."

„Das haben die verdammten Bengels getan!" rief ich entrüstet.

Es war die höchste Zeit, daß ich loskam. Wie ein Pfropfen aus der Flasche flog ich zum Loch heraus, und der alte Schlumann, denn der mußte es sein, brach einen Zweig ab und klopfte mich aus wie ein Sofakissen, wo die Motten drinsitzen.

Er trug Rohrstiefel, einen Staubmantel von Glanztaffet und einen breitkrempigen Hut. Es war ein ansehnlicher Herr von fünfzig bis sechzig Jahren mit graumeliertem Bart und Augen voll ruhiger Schlauheit. Wohlwollend grüßend, bestieg er seinen Esel, ermunterte ihn mit den Worten: „Hü, Bileam!" und ritt langsam in der Richtung des Dorfes fort.

Die Diebe hatten unter anderm ein kaltes Hühnchen zurückgelassen. Ich ging damit abseits, verzehrte es, wühlte mich in trockenes Laub, legte mich aufs Gesicht, damit mir nicht wieder was in den Mund fiel, und schlief unverzüglich ein.

Es mochte halbwegs Mittag sein, als ich durch ein empfindliches Schmerzgefühl an beiden Seiten des Kopfes geweckt wurde. Zwei Schweine waren eben dabei, mir die Ohren, die sie vermutlich für Pfifferlinge hielten, vom Kopfe zu fressen, hatten aber erst ganz wenig heruntergeknabbert. Im Kreise um mich her wühlte die übrige Herde.

Der Hirt, ein kleiner, alter Mann mit einem dreieckigen Hut, strickte an einem blauen Strumpfe; und bei diesem treuherzigen Naturmenschen beschloß ich mich noch mal ernstlich zu erkundigen, ob er nicht wüßte, wo die Stadt Geckelbeck läge.

Das, sagte er, könnte er mir ganz genau sagen, denn vor dreißig Jahren hätte er dort mal siebzehn Ferkel gekauft, und sie wären auch alle gut eingeschlagen bis auf eins, das hätten die andern immer vom Troge gebissen, und da hätt' es vor lauter Hunger am Montag vor Martini einen zinnernen Löffel gefressen und am Dienstag eine Kneipzange und am Mittwoch dem Sepp sein Taschenpistol, den Lauf zuerst, und wie es an dem Zündhütchen geknuspert hätte, wär der Schuß losgegangen, mitten durch die inneren Teile und noch weit hinten hinaus.

„Seht!" fuhr er fort. „Dort zwischen den Bäumen hindurch, grad wo ich mit diesem Strickstock hinzeige, da liegt Dösingen, und zwei Stunden hinter Dösingen kommt Juxum, und dann kommt sechs Wochen lang nichts, und dann kommt der hohe Dumms, wo's oben immer so neblig ist, und von da sieht man erst recht nichts; und" –

„Danke, lieber Mann!" unterbrach ich ihn. „Und, bitte, haltet Euch bedeckt!"

Hierbei trieb ich ihm mit der flachen Hand seinen dreieckigen Hut über Nase und Ohren, und als er schimpfen wollte, konnte er es nicht, weil ihm die Nase über das Maul gerutscht war.

Als ich den Wald verließ, lag die angenehmste Landschaft vor mir ausgebreitet; Wiesen, von Hecken umgeben; ein See; ein Dorf im Dunst der Ferne. Die Nacht war schwül gewesen; der Tag wurde es noch mehr. Die Schwalben flogen tief; und eine graue Wolke, wie ein Sack voll Bohnen, stand lauernd am Horizont. Die Sonne verfinsterte sich; ein Schatten machte sich über der Gegend breit; die Wolke, nunmehr mit einer langen, gelblichen Schleppe geziert, war drohend heraufgestiegen. In ihrem Inneren grollte es bereits; ein Wind erhob sich, und dann kam rauschend und prasselnd die ganze Bescherung.

In der Wiese, wo ich mich befand, war Heu gemacht; an der Hecke bemerkt ich eine kleine Hütte von Zweigen; ich schlüpfte spornstreichs hinein.

So geht's, wenn man nicht erst zusieht! Ich fiel direkt in zwei offene Weiberarme und wurde auch umgehend so heftig gedrückt und abgeküßt, daß ich, der so was nicht gewohnt war, in die peinlichste Angst geriet.

„Hö! Höh!“ schrie ich aus Leibeskräften. „Satan, laß los!“

Gleichzeitig schlug ein blendender Blitz in den nächstliegenden Heuhaufen, und ein Donnergepolter folgte nach, als wäre das Weltall von der Treppe gefallen.

Meine zärtliche Unbekannte ließ mich los und sprang vor die Hütte.

„Ätsch! Fehlgeschossen! Hier saß ich!“ rief sie spottend in die Wolken hinauf und dann tanzte sie lachend um den brennenden Heuschober.

Die blitzenden Zähne; das schwarze Haar, durchflochten mit goldenen Münzen; unter dem grauen, flatternden Röcklein die zierlichen Füße; dies alles, kann ich wohl sagen, schien mir äußerst bemerkenswert.

Mit dem letzten Krach war das Wetter vorübergezogen. Vergnüglich und unbefangen, als sei zwischen uns beiden nichts vorgefallen, setzte sich das Mädel wieder zu mir in die Hütte. Sie machte die Schürze auf. Es waren gedörrte Birnen drin, meine Lieblingsfrüchte, und als ich sie essen sah, wollt ich auch zulangen. Aber jedesmal kniff sie die Knie zusammen, zischte mich an und gab mir neckisch einen Knips vor die Nase. Schließlich erwischt ich doch eine beim Stiel. Sofort krümmte sich diese Birne und biß mich in den Finger, daß das Blut herausspritzte. Ich hatte eine Maus beim Schwanze. „Au!“ rief ich und schlenkerte sie weg. „Wart, Hex, jetzt krieg ich dich!“

Aber schon war die hübsche Zauberin aufgesprungen und hatte mir sämtliche Birnen vor die Füße geschüttet. Dies Mäusegekrabbel! Die meisten liefen weg; nur eine war mir unter der Hose hinaufgeklettert, das Rückgrat entlang, bis an die Krawatte, wo sie nicht weiter konnte, und nagte hier wie verrückt, um herauszukommen, und bevor ich mich noch ausziehen konnte, hatte sie auch schon, wie sich später zeigte, ein zirkelrundes Loch durch Hemd, Weste und Frack gefressen.

Als ich mich von dieser Aufregung wieder einigermaßen gesammelt hatte, sah ich mich um nach dem Blitzmädel, der Hexe; denn ich hatte Mut gefaßt und wollte ihr mal recht ins Gewissen reden von wegen der Zauberei, und darnach, so nahm ich mir vor, wollte ich ihr zur Strafe für ihre Schändlichkeit einige herzhafte Küsse geben. Ich suchte und suchte, in der Hütte, in der Hecke. Nichts Lebendiges war zu bemerken, außer ein Laubfrosch, ein Zaunigel, viele Maikäfer und der Schwanz einer silbergrauen Schlange, die grad in einem Mausloch verschwand.

Weiterhin schlich der Jägernazi herum, als ob er was verloren hätte. Er sah recht verstört aus und ging an mir vorbei, ohne mich zu beachten.

Auch ich war etwas trübselig geworden; denn nicht nur spukte mir das Mädel im Schädel, sondern als ich Frack, Hemd und Weste ablegte, um den Mäuseschaden zu besichtigen, fehlte mir auch mein goldenes Medaillon, das ich bisher immer so sorgsam bewahrt hatte.

Nach dem Gewitter hatte sich die Luft empfindlich abgekühlt, so daß mir abends die Zähne im Munde klapperten. Daher schien es mir ratsam, mich nach einem Quartier umzusehn, wo ich unter Dach und Fach übernachten konnte. Ich versteckte mein Netz, näherte mich einem einsamen Bauemhofe und besah die Gelegenheit. Aus einer offenen Luke im Giebel hing Stroh heraus; eine Leiter stand davor. Zu Nacht, als alles still geworden, stieg ich hinauf Es war ein einfacher Bretterboden. Ich machte mich so leicht wie möglich. Kracks! Da brach ich schon durch.

Ich fiel weich, auf ein Bett, wie ich merkte. Aha! dacht ich. Das trifft sich gut! Dies ist sicher die Fremdenkammer! und wollte mir's bequem machen. Aber neben mir rührte sich was.

„Kunrad!“ rief eine Weiberstimme. „Kunrad, der Sack ist durch die Decke gefallen.“

„Dummheit! Du träumst! Dreh dich um!“ gab eine schläfrige Männerstimme zur Antwort.

„Kunrad!“ kreischte die Frau. „Der Sack hat Haar auf dem Kopf!!“

„Ich komm schon!“ klangs munter aus dem anderen Bett herüber.

Es schien mir nicht ratsam, noch länger zu verweilen. Ich trat klirrend in ein Gefäß voll Flüssigkeit; ich tappte mit den Händen in fünf, sechs offene Mäuler. Die Kinder heulten, die Frau schrie: Ein Dieb! Ein Dieb! und der Bauer fluchte und schwur, daß er ihn schon kriegen und durch und durch stechen wollte, wenn er nur gleich einen Säbel hätte. Zum Glück fand ich eine Tür, die in den Nebenraum führte. Hier kriegt ich den Kopf einer Kuh zwischen die Arme, und als ich das haarige Gesicht und die zwei harten Hörner fühlte, erschrak ich und dachte schon, es sei der kräftige Knecht mit der Heugabel. Das bekannte Hamuh! gab mir die Besonnenheit zurück. Ich sprang aus der Klappe und schlich mich hinter dem Schweinestall herum durch den Gemüsegarten ins Feld. Alles, was Stimme hatte, war wach geworden: Hund, Hühner, Schweine, Kühe, Ziegen und Gänse; aber am längsten hört ich noch die leidenschaftlichen Äußerungen der Familie, die aus weitgeöffneten Mäulern und Fenstern hinter mir herschimpfte.

Ohne erst mein Netz zu holen, lief ich und lief ich die halbe Nacht hindurch, bis ich einen Teich erreichte, in dessen Nähe ein Mühlrad rauschte.

Schön gelb und rund, gleich dem Eierkuchen in der Pfanne, ehe er völlig gereift ist, schwebte der Mond im Himmelsraum. Ich war ungemein wach und warm geworden. So setzt ich mich denn auf das Wehr und hörte zu, was sich die Frösche erzählten, die ihre gesellige Unterhaltung, worin sie durch meine Ankunft gestört waren, alsbald wieder anknüpften.

„Frau Mecke! Frau Mecke!“ fing die eine Fröschin zur andern an. „Was ba-backt Ihr denn morgen?“ „Krapfen! Krapfen! Frau Knack!“ entgegnete die Frau Mecke.

„Akkurat mein Geschmack!“ quakte die Frau Knack.

Und kaum, daß sie diese Ansicht geäußert hatte, so stimmten sämtliche Frösche ihr bei und erklärten laut und einstimmig, die Frau Knack-ack-ack-ack hätte den wahren Geschmack-ack-ack-ack, und da blieben sie bei und hörten nicht auf, bis ich gegen Morgen einen dicken Stein holte und mitten ins Wasser plumpste.

Inzwischen hatt' ich allerlei in Erwägung gezogen. Durch die vorwiegend pflanzliche Nahrung war meine Natur doch sehr merklich ermattet. Auch bedurfte meine Wäsche, die nur aus 1/12 Dutzend Hemden und 1/12 Dutzend Paar Strümpfen bestand, recht dringend der Ergänzung. Daher beschloß ich, mir in der Mühle einen Dienst zu suchen.

Auf meine Anfrage, ob's nichts zu flicken und zu stopfen gäbe, gab der Müller die freudige Antwort:

„Nur herein, mein Sohn; es ist ein gesegnetes Mäusejahr; kein Sack ohne Löcher!“

Drei Wochen lang hantiert ich emsig mit Nadel und Zwirn; aber die sitzende Lebensweise gab mir auch die beste Gelegenheit, in aller Stille an die reizende Hexe zu denken und allerlei Pläne zu schmieden, wie ich sie wieder erwischen könnte. Unwiderstehlich erwachte die Wanderlust; die Beine fingen an zu zappeln wie fleißige Weberbeine, und eines schönen Morgens stand ich reisefertig da, mit einem neuen Netz in der Hand, und sprach: „Meister, ewig können wir nicht beieinander sein. Gehabt Euch wohl!“

Nachdem ich meinen Lohn erhalten, spaziert ich mit munteren Schritten den Bach entlang. Ich war ordentlich plus und prall geworden. Und pfeifen tat ich, und zwar schöner als je, denn grad durch das ärgerliche Loch, was mir der Strolch in die Zähne geworfen, bracht ich nun die kunstvollsten Töne hervor.

Die Landschaft, in die ich zuerst gelangte, sah sehr einförmig aus. Die Kartoffeln standen gut; indes ungewöhnlich viele Schnecken gab es daselbst, die, wie mir schien, noch viel langsamer krochen als anderswo.

Bald erreicht ich ein idyllisches Dörflein. Alle Häuser hingen gemütlich schief auf der Seite; desgleichen die Wetterhähne auf den Dächern. Auf den Türschwellen im warmen Sonnenschein hockten die Mütter und besahen so beiläufig den Kindern die Köpfe, während die Mannsbilder draußen auf der Bank saßen und versuchten, in dieselbe Stelle zu spucken, was, wenn es gelingt, ja den Ehrgeiz befriedigt. Nur einer machte sich etwas Bewegung auf der Gasse. Er ließ seinen Stock fallen. Mühsam und seufzend hob er ihn auf; aber dann ging er auch gleich ins Wirtshaus zu seiner Erholung.

Ein Dickwamps sah schläfrig zum Fenster heraus.

„Ihr da, mit dem Dings da!“ sprach er mich an. „Ihr könntet mir zu etwas behilflich sein.“

Ich trat ins Haus. In langgedehnter, zähflüssiger Rede tat er mir kund, um was es sich handelte: Er hätte eine Kanarienvogelhecke oben unter dem Dach, die möchte er gern, von wegen des lästigen Treppensteigens, nach unten verlegen, aber das Viehzeug, um es einzufangen, sei gar zu flüchtig für ihn, und da wär ich mit meinem Netz grad recht gekommen.

Ich stieg voran die Treppe hinauf Er ließ sich nachschleppen, indem er meine Frackschöße erfaßte, und es wundert mich nur, daß dieselben bei der Gelegenheit nicht ausgerupft und entwurzelt sind. Trotzdem, als wir die Dachkammer erreichten, mußte ich ihm erst lange den Rücken klopfen, bis er wieder zu Atem kam; so dick war der Kerl.

Mit Leichtigkeit, vermittelst meines Netzes, erhascht ich sämtliche Vögel, es mochten ihrer zwanzig bis dreißig sein, und steckte sie in einen Beutel, den ich auf einen Stuhl niederlegte. Nur ein altes, schlaues Weibchen konnt ich noch immer nicht kriegen.

Der Dicke, der starr und träge zugesehn wie ich so herumfuchtelte, mochte davon wohl etwas schwindlig und müde geworden sein. Mit dem Seufzer Achja! ließ er sich in voller Sitzbreite auf den Stuhl niedersinken, wo der Beutel drauf lag. Keinen Ton gaben sie von sich, die armen Vöglein.

Er merkte auch nichts, sondern saß friedlich da mit halbgeschlossenen Augen, und als ich ihm ängstlich mitteilte, daß fast sein ganzer Singverein unter ihm läge, sprach er langsam und seelenruhig:

„Dann pfeifen's nimmer, das weiß ich gewiß!"

„Na!" rief ich. „So bleibt meinetwegen sitzen bis Ostern übers Jahr. Wünsch angenehme Ruh!"

Das alte Kanarienweibchen hatte sich ihm frech auf den Kopf gesetzt und pickte an dem Quast seiner Zipfelmütze. So verließ ich die zwei.

Am Ende des Orts war ein stattlicher Neubau im Werden. Drei Zementtonnen lagen da; aus zwei derselben schaute je ein Paar Stiefel hervor. Ein einziger Maurer stand auf der Leiter mit dem Lot in der Hand und visierte lange mit großer Genauigkeit. Hierbei entglitt ihm die Schnur. Langsam stieg er herab; langsam wickelte er sie auf; langsam stieg er wieder nach oben. Als er bis zur Mitte der Leiter emporgeklommen, entfiel ihm das Lot zum zweiten Male. Er nahm eine Prise, sah in die Sonne, wartete fünf Minuten vergeblich auf die Wohltat des Niesens, stieg langsam herab, machte Schicht und alsbald schaute auch aus der dritten Tonne ein Paar Stiefel hervor.

Um alles dies mit Muße in Betrachtung zu ziehn, hatt' ich auf einem Steinhaufen Platz genommen. Ein Hausierer, der einen Packen mit Wollwaren trug, setzte sich zu mir.

„Merkwürdiger Ort, dies Dösingen!" fing er an. „Den Flachsbau haben sie längst aufgegeben; war ihnen zu langwierig! flicken die Schweineställe mit den Hecheln, die Zacken nach innen gekehrt; Rüsseltiere wühlten sonst immer die Wände durch; Gänsezucht vorherrschend jetzt, der Bettfedern wegen. Bequeme Leute; wenn sie gähnen, lassen sie meist gleich das Maul offen fürs nächste Mal. Hier verkauf' ich die meisten Nachtmützen."

„Was wird denn das für ein Haus da?" fragte ich.

„Trottelheim. Der reiche Schröpf läßt's bau'n, der Klügste im ganzen Dorf seit er das große Los gewann. Diese wohltätige Anstalt, pflegt er zu sagen, ist nicht bloß für andere, sondern eventuell auch für mich, nach meinem Tode natürlich; denn, sagt er, wenn man auch als gescheiter Kerl stirbt, man weiß nie, ob man nicht als Trottel wieder auflebt."

Der Hausierer erhob sich. Ich erhob mich gleichalls und fragte ihn, wie das nächste Dorf hieße.

„Juxum!" gab er zur Antwort. „Lustiges Nest."

Schon von weitem konnte man sehn, daß es ein fröhliches Dörfchen war. Die Saaten standen üppig; auf jeder Blume saß ein Schmetterling; in jedem

Baum saß ein zwitscherndes Vöglein; rot schimmerten die Dächer und hellgrün die Fensterläden.

Ein munterer Greis gesellte sich zu mir. Auf meine Frage, wie er es angefangen, so alt zu werden, erwiderte er schmunzelnd: „Regelmäßig weiterleben ist die Hauptsache. Ich esse, trinke, schlafe regelmäßig, und wenn meine Frau stirbt, so heirate ich regelmäßig wieder. Jetzt hab ich die fünfte. Ich bin der Bäcker Pretzel. Dort liegt das Wirtshaus. Gleich komm ich nach."

Auf Grund meiner Ersparnisse in der Mühle konnt ich mir schon was erlauben. Ich kehrte ein. Da der lange Stammtisch, bis auf den Ehrenplatz, schon besetzt war, drückt ich mich auf die Bank hinter der Tür.

„Frau Wirtin!" sprach ich bescheiden. „Ich hätte gern ein Butterbrot mit Schlackwurst."

„Schlackwurst? Das glaub ich schon. Schlackwurst ist gut!" rief laut lachend die dicke Wirtin. „Aber unsere Schlackwurst, mein Schatz, die essen wir selber!"

Dieser Scherz erregte bei der anwesenden Gesellschaft das herzlichste Gelächter. Alle bestätigten es, daß die Schlackwurst sehr schmackhaft, ja, die Königin unter den Würsten sei. Da die Wirtin ferner erklärte, sie habe es sich zur Regel gemacht, auch ihre Butter lediglich selbst zu genießen, so mußt ich mit einem Stück Hausbrot und einem kleinen Schnapse vorliebnehmen.

Die Schwarzwälder Uhr hakte aus, um fünf zu schlagen.

„Gleich wird Bäcker Pretzel kommen!“ bemerkte die Wirtin. „Seit nun bereits fünfzig Jahren, präzis um Schlag fünf setzt er sich hier auf seinen Platz und trinkt regelmäßig seine fünf Schnäpse.“

„Das ist wie mit den ewigen Naturgesetzen!“ erklärte der schnauzbärtige Förster. „Nicht wahr, Herr Apotheker?“

„Jawohl!“ bestätigte dieser. „Man weiß, wie’s war, also weiß man, wie’s kommt. Was sagt Ihr dazu, Küster?“

„Tja, tja, tja!“ sprach der bedenkliche Küster. „Ich hoffe, es gibt Ausnahmen von der Regel. Seit fünfzig Jahren hab ich sechzig Taler Gehalt; vielleicht –“

„Ah, drum!“ lachten alle.

Die Uhr schlug fünf Es faßte wer draußen auf die Türklinke.

„Hurra!“ hieß es. „Da kommt Pretzel. Jetzt wird’s lustig!“

Die Tür ging auf. Ein Bäckerjunge trat ein und teilte mit, daß der alte Pretzel soeben gestorben sei.

Auf einen Augenblick des Schweigens folgte ein allgemeines Gelächter. Man lachte über sich selber, daß man so dumm gewesen war zu glauben, es gäbe was Gewisses in dieser Welt, und am End, meinte man, hätte der Küster doch vielleicht recht gehabt.

Am heftigsten lachte ein grau gekleideter Gast, so heftig, daß er ins Husten kam.

„Na freilich!“ rief man. „Bäcker Prillke kann wohl lachen; jetzt hat er die Kundschaft allein.“

Die Fröhlichkeit steigerte sich noch, als jetzt im Nebensaal ein Klarinettenbläser und eine Harfenistin sich hören ließen. Die Burschen und Dirnen aus der Nachbarschaft drängten herein; bald wogte der Tanz; ich kriegte auch Lust dazu. Besonders eins von den Mädeln konnt ich nicht aus den Augen lassen; denn obgleich sie ein Kopftuch bis fast auf die Nase trug, kam es mir doch so vor, als müßte es die reizende Zauberin sein, die mich letzthin so empfindlich geneckt hatte. Beim nächsten Walzer schwang ich mich mit ihr im Kreise herum.

„Meinst, ich kenn dich nicht?“ sprach ich flüsternd. „Du bist ’ne Hex. Aus Hutzelbirnen kannst Mäuse machen.“

„Haha!“ lachte sie. „Das ist wohl meine Bas aus dem Gebirg. Die kann Künste. Aber gib acht. Lucindili heißt sie, wer kein Geld hat, den beißt sie.“

Mein anmutig schwungvolles Tanzen, mein flatternder Schniepel, das rote Sacktüchel weit hinten hinaus, hatten indes ein freudiges Aufsehen erregt. Der Walzer ging zu Ende. Aufgeregt und übermütig warf ich den Musikanten ein Guldenstück zu, damit sie mir extra eins aufspielten. Aber als ich mich umsah nach dem Blitzmädel, hopste sie bereits dahin, umschlungen von den dürren Armen eines kleinen, putzigen Kerlchens mit Buckel hinten und Buckel vorn, die Weste gepflastert mit Silbermünzen, die Finger voll goldener Ringe und puppenlustig die Beine schlenkernd. Das wurmte mich. Ich trank zwei Schnäpse hintereinander und fing Krakeel an. Zwei Minuten später flog ich draußen, zu allgemeinem Vergnügen, sehr rasch die Treppe hinunter.

Anstatt mich nun alsbald so weit wie möglich von diesem lustigen Orte zu entfernen, stellt ich mich hinter den Zaun und paßte auf bis das Mädel nach Hause ging. Es war schon Abend geworden, als sie kichernd über die Straße eilte, das Buckelmännchen dicht hinter ihr. Gleich drauf machte sie Licht im Haus gegenüber, oben am offenen Fenster. Schmachtend blickt ich hinauf. Sie sah mich stehn, so schien's, und winkte mir zu.

Schnell nahm ich einen Schubkarren, der dienstwillig dastand, richtete ihn an die Mauer, kletterte hinauf und streckte meine Arme über die Fensterbrüstung, um einzusteigen. Es war eins von jenen niederträchtigen Schubfenstern, die man von oben herunterläßt. Mit Gerassel fiel es zu; die Scheibe, dicht vor meinem Gesicht, sprang klirrend entzwei; ein Pflock wurde vorgeschoben; ich saß mit beiden Armen fest bis über die Ellenbogen.

„Er sitzt in der Klemme! Lauf, Cindili, und sag Bescheid, daß sie kommen!"

Dies rief eine heisere Männerstimme; und wenn meine Lage an sich schon ängstlich genug war, so wurde sie jetzt geradezu peinlich, als ich zu meinem Schrecken bemerkte, daß aus dem Hintergrunde des Zimmers mein bucklichter Nebenbuhler höhnisch grinsend, mit dem Talglicht in der Hand, aufmich zukam. „Du Leichtfittig!“ rief er und leuchtete mir in die Augen. „Du Mädchenverführer! Was denkst du dir nur, du abscheulicher Racker?“

Unterdes hatte er einen Korkstöpsel in die Flamme gehalten und machte mir damit erst mal einen schwarzen, glühendheißen Schnauzbart von einem Ohr bis zum andern, und dann hielt er mir das Licht unter die Nase, daß sie darin lag wie ein Lötkolben, was sehr weh tat. Aber das Schlimmste kam erst noch, denn jetzt kriegte er seine große Horndose aus der Tasche und rieb mir zwei tüchtige Portionen Schnupftabak in die Naslöcher, so daß ich fürchterlich niesen mußte, und dabei stieß ich mit meiner armen Nase fortwährend auf den harten Fensterrahmen, bis ich schließlich nicht mehr wußte, ob’s Sonntag oder Montag war.

Inzwischen ging hinter mir auf der Gasse ein Kichern und Gemurmel los, und nicht bloß dies. Ein Klatschhieb nach dem andern fiel tönend auf meine gespannte Rückseite, darunter mancher von bedeutender Kraft; und Kniffe waren auch dabei, vermutlich von Weibern. Und dann hieß es: He, Philipp! He, Christoph! Herbei mit dem Pusterohr!

Ach, wie empfindlich stach das, wenn diese spitzen Geschosse, phütt, phütt! so plötzlich sich einbohrten in meine strammen Gesäßmuskeln, die durch die leichte Bekleidung so gut wie gar nicht geschützt waren. Und jetzt erhob sich ein allgemeines Freudengeschrei: „Apotheker Pillo kommt mit dem Feuerwerk!“

Sie zogen mir den Schubkarren unter den Füßen weg. Bei prachtvoller bengalischer Beleuchtung, bald rot, bald grün, hing ich strampelnd an der Wand herunter.

Erst als das Feuerwerk sich seinem Ende nahte, schob man das Fenster hoch. Ich tat einen harten Fall; ich war geneigt zu harten Worten; aber die Genugtuung, mich ärgerlich zu sehn, wollt ich dem Publikum doch nicht bereiten; daher rappelt ich mich flink auf und verließ sorglos tänzelnd, im lustigsten Hopserschritt, den Schauplatz meiner Qual und Beschämung. Die heiteren Bewohner von Juxum sandten mir ein tausendstimmiges Bravo! nach.

Zur dauernden Erinnerung an dies Erlebnis hab ich die rote, geschwollene Kartoffelnase behalten, die verdächtig genug aussieht, obgleich ich seit jenem Tanzvergnügen den Schnapsgenuß immer sorgfältig vermieden habe. Was die anderseitigen Verletzungen anbelangt, so haben sie, so sehr dies zu befürchten stand, doch auf meine spätere Sitzfähigkeit keinen nachteiligen Einfluß ausgeübt.

Nachdem ich in dem nunmehr eifrigen Bestreben, das lustige Juxum baldmöglichst weit hinter mir zu lassen, die ganze Nacht durch auf den Beinen geblieben, gelangt ich bei Sonnenaufgang in ein schattiges Waldgebirge.

Vor einer kleinen Höhle stand ein knorriger Baum. In ziemlicher Höhe, an einem langen Aste desselben, hatte sich einer aufgehängt. Da er das linke Bein noch rührte, kletterte ich mit einiger Mühe und Gefahr nach oben, kriegte mein Messer heraus und schnitt eilig den Strick ab.

Der Unglückliche, der sich durch Verlängerung des Halses sein Leben zu verkürzen gedachte, war noch elastisch und hüpfte daher, als er den Boden berührte, ein paar mal auf und nieder, ehe er umfiel. Bei näherer Besichtigung fand ich, es war der Jägernazi, der Schlangenfreund, der mir ehemals einen so empfindlichen Stoß unter die Rippen versetzte.

Ohne Groll und Zögern jedoch macht ich mich dran, ihn in den verlorenen Zustand eines bewußten Vorhandenseins wieder zurückzubringen. Ich knöpfte ihm die Joppe auf; ich knetete ihm mit Händen und Füßen die Magengegend; ich kitzelte und feilte mit einer stacheligen Brombeerranke seine lange, weiße Nase; ich holte groben Kies und eine Handvoll Ginster und schabte ihm Brust, Hals und Angesicht, um die erlahmten Gefühle zu reizen und aufzumuntern. Endlich hatt' ich Erfolg. Mit den schmerzlich hingehauchten Worten: Oh, Schlange! riß er die Augen auf, setzte sich, befühlte seine Kehle, nieste, spuckte aus und sah mich lange schief, aber scharf, von der Seite an. Jeden Augenblick erwartete ich einen Ausbruch seiner Dankbarkeit gegen mich, der ihm so mühsam das Leben gerettet. Aber ich irrte sehr.

„Malefiztropf!“ plärrte er mir entgegen. „Nie meiner Lebtag hab ich mich so gut unterhalten, wie diese letzten zehntausend Jahre, als ich nirgends zugegen war; und da geht der Narr her und verleid't und zerschneid't mir mein Freud, und da sitz ich nun wieder in der schlechtesten Gesellschaft, die sich nur denken läßt, in meiner und deiner, du langweiliger Peter, du!"

Allmählich indes fing er an, die Gegenwart dieser Welt wieder erträglich zu finden. Er wurde sogar heiter und mitteilsam.

„Eigentlich sollt ich ein Klosterbruder werden", hub er an zu erzählen. „Allein die edle Entsagung, die hierzu erforderlich ist, fehlte mir gänzlich. Ich lief weg und ließ mich anwerben bei den Soldaten; aber parieren mocht ich auch nicht gern.

Da, wie's der Zufall so fügte, starb ein alter Vetter, der mir zehntausend Gulden vermacht hatte. Wunderlicher Kautz, das! Hatte fünfhundert Gulden bestimmt für sein Grabmonument. Bildhauer ausdrücklich mit Namen genannt. Verständiger Künstler; ließ mit sich reden nahm hundert Gulden für nichts; und der tote Herr Vetter wartet noch heut auf sein Denkmal."

„Das war nicht gut!" meint ich.

„Wieso?" fuhr der Nazi fort. „Sind vierhundert Gulden was Schlechts? Kurzum, ich wurde flott. Ich lernte ein Mädel kennen; fein, schlank, wundersam; ein verteufeltes Frauenzimmer. Zog mir spielend die Seel aus dem Leib und das Geld aus der Tasche. Mit dem letzten Dukaten, weg war sie. Ha, du Hex! Ha, du Schlange!"

Schon glaubt ich, er wollte sich zum zweitenmal aufhängen vor Wut und Gram; aber er besann sich, lachte grimmig und lud mich ein, mit in seine Höhle zu gehn, wo er sich häuslich eingerichtet hatte; allerdings nur sehr mangelhaft, denn eine vielversprechende Flasche, die er, ein Auge zugekniffen, gegen das Licht hielt, erwies sich als inhaltslos.

In der Ferne fiel ein Schuß.

„Weißt du was, Freund Peter?“ sprach der Nazi etwas hastig. „Am besten ist s,wir gehn fechten bei den Bauern, damit wir was Warmes kriegen.“

Vorsichtig voranschleichend, führte er mich nach der andern Seite aus dem Walde hinaus, quer durch die Felder, bis wir zum nächsten Dörflein gelangten.

Gleich im ersten Hause fand unser Anliegen eine günstige Aufnahme.

„Grad kommt ihr recht, ihr Herrn!“ sagte die gemütliche Bauernfrau. „Heut Mittag hat's Erbsenbrei mit Speck gegeben; der Speck ist alle; aber Brei gibt's noch in Hülle und Fülle.“

Sie brachte jedem einen aufgehäuften Napf voll, und der hölzerne Löffel stak drin. Freudig setzt ich den letzteren in genußreiche Bewegung. Freund Nazi dagegen, dem die Kost nicht behagte, pustete nur immer, als ob's ihm zu heiß wäre; und kaum daß die gute Bäuerin den Rücken drehte, um wieder in die Küche zu gehn, so erhob er sich und entleerte seine Schale in das Innere eines grünen, baumwollenen Regenschirms, der hinter der Tür stand.

„Danke für gute Verpflegung!“ rief er in die Küche hinein und entfernte sich eilig.

Ein warnendes Vorgefühl überschlich mich. Ich machte, daß ich fertig wurde, und stand grad auf, als der ehrwürdige Hausvater aus der Stube trat. Er langte sich den Schirm, weil es draußen zu regnen begann, und spannte ihn auf. Groß war seine Überraschung, als ihm der zähe Brei über das Haupt und die Schultern rann. Dennoch besaß er soviel Geistesgegenwart, daß er mir, eh ich vorbeischlüpfte, den Schirm ein paarmal um die Ohren schlug, so daß ich auch von diesem Brei noch ziemlich viel abkriegte.

Der Nazi sah es von ferne und wollte sich schief lachen. Ich wär ihm fast bös geworden darum; da er aber fleißig putzen half und trostreiche Worte sprach, ging ich wieder zu Wohlwollen und Heiterkeit über.

Um die Vesperzeit drang mein Freund darauf, daß wir, jedoch am andern Ende des Dorfes, einen zweiten Besuch machten.

Ein kleiner Unglücksfall kam uns zustatten. Ein Knabe von etwa fünf Jahren fiel aus einem Apfelbaum ins weiche Gras. Er war mit einem Anzug bekleidet, den man „Leib und Seel“ benennt; hinten zugeknöpft. Dadurch, daß sich beim Fallen ein Ast in den Schlitz gehakt hatte, war der Verschluß von unten bis oben vollständig gelockert. Die besorgte Mutter trat aus der Haustür. Wir suchten die abgesprungenen Knöpfe auf. Ich zog Nadel und Zwirn aus der Tasche. Der weinende Knabe wurde über den Schoß der Mutter gelegt; der Nazi hielt ihm die Beine, daß er nicht strampeln konnte. Bald waren nach allen Regeln der Kunst die Knöpfe wieder befestigt und „Leib und Seele“ verschließbar, so weit das, nach unten hin, bei diesem Kleidungsstücke der unmündigen Jugend überhaupt ratsam erscheint.

Erstaunt und glücklich über diese rasche und erfolgreiche Kur lud uns die Mutter zum Vesperbrot ein.

Ein mächtiges Hausbrot, ein Teller mit dunklem Zwetschenmus, eine beträchtliche, eben nur angebrochene Butterwälze, eine Schlackwurst von anderthalb Ellen, standen alsbald zu unserer Verfügung. Am schnellsten nahm der Nazi Platz, denn er hatte tagsüber nur rohe Pflaumen gegessen. Er tat einen tüchtigen Hieb in die Butter.

„Die Butter ist schon hier am andern Ende angeschnitten!“ sagte die Frau, die sehr ordnungsliebend zu sein schien.

„Macht nichts!“ erwiderte der Nazi. „Da kommen wir auch noch hin!“

„Hier ist auch schwarze Butter!“ erinnerte die Bäuerin. „Danke! Die weiße ist gut genug für uns!“ sagte der Nazi und tat einen zweiten und dritten Hieb.

So fuhren wir rührig fort. Die Schlackwurst verkürzte sich zusehends. Die Frau wurde besorgt.

„Man kann auch zuviel essen!“ meinte sie.

„So leicht wohl nicht!“ erwiderte der Nazi.

„Man kann sich auch krank essen!“ sagte sie bald darauf.

„Kommt auch wohl vor!“ gab er zur Antwort.

„Man kann sich auch tot essen!“ sprach sie endlich, als die Wurst immer kürzer wurde.

Jetzt legt der Nazi das Messer nieder und sprach im ernsten Ton allertiefster Bedenklichkeit:

„Wenn Ihr das meint, gute Frau, dann will ich sie lieber mitnehmen!“

Flugs erhob er sich, schob die Wurst in die Rocktasche, aus der sie noch ein gutes Stück weit hervorstand, nahm das Brot unter den Arm, drückte der Frau herzlich die Hände, versprach bald wieder zu kommen und empfahl sich mit einem zierlichen Bückling. Tief beschämt über dieses unverschämte Benehmen meines Freundes drückt ich mich stumm aus der Tür.

Abends kehrten wir in dem Nazi seine Höhle zurück, wo wir uns die Nacht und den folgenden Tag der Ruhe, der stillen Betrachtung und dem Genuß unserer Vorräte widmeten. Als Brot und Wurst zu Ende waren, suchten wir wiederum eine Stätte auf, die von Wesen bewohnt wurde, welche kochen.

Wir traten durch die Hintertür in eine Küche. Die Köchin war nicht zugegen. Zwei Töpfe dampften auf dem Herde. Der Nazi hob die Deckel auf. In dem einen brodelten Pellkartoffeln, in dem andern, zärtlich zu Pärchen verknüpft, ein Dutzend Paar Bratwürste. Der Nazi, gewandt und kurz entschlossen, gabelte sie auf seinen Stecken. „Besorg du die Kartoffeln! Schnell!“ rief er mir zu und war schon zur Tür hinaus.

Nebenan im Keller hustete wer. Ohne mich lange zu besinnen, ergriff ich mit jeder Hand ein paar der dicksten Kartoffeln und lief gleichfalls hinaus. Sie waren glühend heiß; im Stich lassen wollt ich sie nicht; in meiner Verwirrung und ängstlichen Eile steckt ich sie in die Hosentaschen. Hier war der Teufel los. Ich fing an zu klopfen. Aber jetzt, als die Knollenfrüchte zerplatzten, kam ihre Höllenhitze erst recht zur vollen Entwicklung. Ich lief immer schneller und stieß dabei durchdringende Schmerzenslaute aus. Der Nazi, mit seinem Stecken voller Würste, sah sich nicht um. Schließlich gelangten wir an einen Bach. Ich nahm ein Sitzbad bis unter die Arme; meine Schmerzen und Klagen besänftigten sich. Unterdes ließ sich mein Freund am Ufer nieder und aß recht gemütlich. Er meinte, es machte sich hübsch, wie ich so dasäße, und sei sehr gesund, und ich sollte nur sitzenbleiben, bis er fertig wäre. Dies gab mir Veranlassung, meine Badekur schleunigst zu unterbrechen, und das war gut, denn als ich ans Land stieg, waren nur noch drei Paar Würste vorhanden, an denen ich mich beteiligen konnte.

Auf unserem Wege zum Walde hin trafen wir eine schlafende Bauernfrau, die vermutlich zu Markte wollte. Leise und geschickt zog ihr der Nazi ein Päckchen Butter aus der Kiepe und legte dafür einen tüchtigen Feldstein von mindestens zwanzig Pfund Gewicht an die Stelle. Als wir uns umsahn gleich nachher, erwachte sie grad und hockte die Kiepe auf mit Seufzen und großer Beschwerde, und unten rann eine gelbe Sauce heraus, und fünf Schritt weiter brach der Boden durch. „Schad um das Rührei!“ meinte der Nazi. „Ich sag’s immer: Wer Steine und Eier verpackt, soll die Steine nach unten legen.“

Mir war nicht ganz wohl bei der Sach; allein der Schlingel machte das alles so lustig und wohlgemut, daß ich schließlich doch lachen mußte.

So lebten wir denn wochenlang tagsüber von unserer Betriebsamkeit in den Dörfern und bei Nacht in unserm traulichen Heim in tiefer Waldeinsamkeit.

An einem regenreichen Spätnachmittage, als wir eben dahin zurückgekehrt waren und der Nazi grad angefangen hatte, eine seiner besten Geschichten zu erzählen, fielen in der Nähe zwei Schüsse. Ein Rehbock lief vorüber; im nächsten Augenblick liefen auch wir, der Nazi voran, in der nämlichen Richtung. Es sei dem Grafen sein Förster, ein guter, alter Bekannter, der da geschossen hätte, sagte später der Nazi, als wir uns etwas verschnauften.

Wir waren in die Nähe eines einsam liegenden Wirtshauses gekommen. Es wurde sehr dunkel und regnete so heftig, daß mein Freund behauptete, wir müßten unbedingt ein Quartier nehmen für die Nacht. Ich erwähnte unsere Mittellosigkeit.

„Man muß nur parterre wohnen!“ meinte er sorglos. „Dann macht’s nichts!“

Wir traten ein und setzten uns, und er, mit vornehmer Sicherheit, bestellte einen reichlichen Abendimbiß nebst Bier vom besten. Nachdem er drei Maß mehr getrunken als ich, rief er den Wirt herbei.

„Gebt uns ein gutes Schlafzimmer, aber zu ebener Erde, wenn ich bitten darf, denn aus Dachfenstern zu springen, im Fall daß Feuer ausbricht, und den Hals zu brechen, das tun wir nicht gern."

Der Wirt steckte einen Talgstummel an und führte uns höflich in die Kammer. Wir entkleideten uns. Der Wirt sah zu.

„Gute Nacht, Herr Wirt!" sagte der Nazi. „Bemüht Euch nicht länger!"

Bitte um die Beinbekleidung!" entgegnete der gefällige Gastgeber.

„Bürsten wir selber aus!" sagte der Nazi.

„Um die Welt nicht!" rief der Wirt. „Solch anständige Herrn? Wäre gegen meine Reputation.Werde in der Frühe die Ehre haben, mich persönlich nach dero Befinden zu erkundigen."

Sorgfältig legte er die beiden Kleidungsstücke über den Arm und entfernte sich, indem er uns wohl zu ruhn und angenehme Träume wünschte.

Der Nazi schnitt mir ein langes Gesicht zu. Ohne viel Worte zu machen, voll mißlicher Ahnungen, kroch ein jeder in sein bescheidenes Lager.

Mein Bett stand an einer Bretterwand. Kurz vor Tage weckte mich ein Lichtschimmer, der durch eine Spalte mir grad übers Gesicht streifte. Verstohlen blickt ich hindurch. Es war ein Stall, neben dem ich schlief.

Ein Esel stand mit der schwänzlichen Seite dicht vor der Spalte. Der alte Schlumann, den ich sofort wiederkannte, näherte sich ihm mit der Laterne, streichelte ihm dreimal den Rücken und sprach dreimal hintereinander die Worte:

„Tata, tata! Mach Pumperlala!“

Damit stellte er ihm seinen Hut unter und ging ruhig beiseit und blätterte bis auf weiteres in seinem geschäftlichen Notizbuche.

Alsbald hob der Esel den Schwanz auf; und nun kam ich dahinter, wo der alte Kerl das viele Geld herkriegte, von dem die Spitzbuben geredt hatten.

In ununterbrochener Folge, plink! plink! fielen die blanken Dukaten in den bereitstehenden Hut hinein. Die Versuchung war zu groß für mich. Ich steckte die hohle Hand durch die Spalte und schöpfte dicht an der Quelle.

„Tata, Bileam!“ rief Schlumann, ohne aufzublicken. „Tata, mach Pumperlala!“

Ich zog meine Hand, die aufgehäuft voll war, zurück und entleerte sie auf die Bettdecke. Dann hielt ich sie zum zweitenmal hin. Wieder rief der Alte, dem sogleich die Unterbrechung des Stromes zu Ohren kam: Tata, Bileam! indem er dadurch den Esel zu ermahnen und zu ermuntern suchte, in seiner ersprießlichen und scheinbar unterbrochenen Tätigkeit fortzufahren.

Eben hatte ich die zweite Handvoll in Sicherheit gebracht, als der alte Schlumann nähertrat, um das, was inzwischen ausdrücklich erfolgt war, zu besichtigen und einzuheimsen.

„Weiß her, Bileam!“ sprach er. „Was haste gemacht? Wenig haste gemacht! Pfui, schäme dich!“

Nicht ohne ein gelindes Kopfschütteln füllte er den glänzenden Inhalt seines Hutes in die geräumige Geldkatze, sattelte sein wundersam ergiebiges Tierlein, das den Namen des geldgierigen Propheten trug, und führte es zum Stall hinaus in den Hof.

Der Morgen dämmerte durchs Fenster. Ich zählte meine Dukaten, die ich sorgfältig zu verbergen und aufzubewahren gedachte, denn sie schienen mir das einzige Mittel zu sein, jene reizende Hexe zu gewinnen, deren Bildnis mir so lebhaft im Herzen spukte. Mißtrauisch blickt ich nach meinem Kameraden hinüber, ob er auch nicht bemerkte, welch ein wertvolles Geschenk, gewissermaßen warm aus dem Prägstock der Natur, mir ein gütiges Geschick grad eben in die Hand gelegt hatte. Zu meinem Ärger mußt ich sehen, er blinzelte schon.

„Gold!“ rief er plötzlich und sprang vor mein Bett. „Natürlich gestohlen! Halbpart, oder ich sag’s wieder!“

Was sollt ich machen? Ich gab ihm die Hälfte ab und steckte das Übrige in mein Beutelchen; und dann erzählt ich ihm wortwörtlich die ganze

Geschichte. Ich zeigte ihm auch den alten Schlumann, der auf seinem Esel eben vom Hofe ritt.

Freund Nazi, im Gefühl seiner Barmittel, wurde jetzt aber laut. Er bollerte mit der Faust und dem Stiefelknecht gegen die Tür und verlangte Bedienung. Der Wirt erschien. „He, die Hosen! Frühstück! Eier! Schinken! Franzwein! Flink, marsch!“ schrie ihn gebieterisch der Nazi an und kniff dabei einen Dukaten ins linke Auge; ein Anblick, der den zuerst trägen und bedenklichen Herbergsvater gleich dienstbeflissen und munter machte.

Wir aßen gut und ließen uns Zeit dabei, und nachdem sich der Nazi ein Fläschlein extra in die Brusttasche gesteckt hatte, setzten wir einträchtig unsere Wanderschaft fort. Es wunderte mich nur, daß mein Freund, der sonst so gesprächig war, sich heute allmählich in ein völliges Schweigen hüllte. Endlich sprach er wieder:

„Verdammt zähes Zeug in dem Schinken. Klemmt sich immer grad zwischen die hohlen Backenzähne, natürlich! Uh, Teufel, der Schmerz! Bitte, sieh eben mal nach, bester Freund!“

Wir befanden uns weit draußen auf der einsamen Landstraße. Er riß jammernd das Maul auf. Da ich vorn nichts sehen konnte, als zwei Reihen arbeitsfähiger Zähne, nahm ich den Zeigefinger zu Hilfe, um weiter hinten mal nachzufühlen. Sofort, mit furchtbarer Gewalt, wie eine Marderfalle, schnappten die Kiefer zusammen. Meine Besinnung verließ mich. Als ich wieder zu mir kam, war mein Freund Nazi verschwunden; mein Geldbeutel desgleichen.

Und so war denn das goldene Gewebe, womit ich die Geliebte zu umstricken gedachte, für immer entzweigeschnitten. Gebeugt und erschüttert durch dieses grausame Ereignis, ohne Freund, ohne Geld, zog ich mich in die tiefsten Schatten des Waldes zurück, wo mich sogleich ein erquickender Schlaf in seine tröstlichen Arme schloß.

Es war eine herrliche Mondnacht, als ich erwachte. Hinter den Felsen, im zitternden Silberlicht, schimmerte ein See. Ich hörte was plätschern. Eine Nixe, so schien es, badete sich. Neugierig schlich ich näher. Auf einem Stein lag ihr graues Gewand, auf dem Gewand ein Haarband von Goldmünzen.

„Aha!“ dacht ich. „Bist du’s? Jetzt sollst du mich schön bitten, bis du’s wiederkriegst.“

Geschwind steckt ich’s hinten in die Frcktasche; daß aber hinter mir, an den Baum gelehnt, ein Reiserbesen stand, hatt ich nicht beachtet. Dieser, als säße der Teufel drin, setzte sich plötzlich in Bewegung und machte Sprünge wie ein Böcklein, und stieß nach mir, bald links, bald rechts, bald hinten, bald vorn, und

dann nahm er einen Anlauf und fuhr mir zwischen die Beine, und fort ging’s hoch in die Luft und weg über die Wipfel; und ich mußte zuerst ordentlich lachen, als wir so dahintrabten, hopp, hopp, unter dem zurückfliehenden Gewimmel der Sterne, und wie im geschüttelten Frackzipfel gar lustig die Münzen klirrten; aber schon nach fünf Minuten hatt ich es satt gekriegt, denn mein Rösslein war ein harter Traber und warf mich auf und nieder auf seinem hölzernen Rücken, daß mir's war, als würd ich durchgestoßen und aufgespalten bis an den Nabel.

Endlich, nach Verlauf einer Ewigkeit von mindestens zwanzig Minuten, kehrte der verflixte Besengaul den Kopf nach unten und den Schweif nach oben und fuhr senkrecht in den geräumigen Schlot eines Hauses, welches in der Wildnis lag.

Unter großem Gerassel fiel ich auf den Herd zwischen allerlei Küchengeschirr. Der Besen strich mir mit seinem dürren Reiserschweife noch ein paarmal durchs Gesicht, und dann stand er da, in der Ecke am Kamin, stocksteif, wie ein gewöhnlicher Schrupper, der nie was von selber tut.

Durch ein Fenster mit runden Scheiben schien der Vollmond herein.

Müd und kaputt, besonders inmitten, ließ ich mich in einen hölzernen Lehnstuhl fallen. Ach, wie weh tat das! Aber hinlegen, auf den kalten Fußboden, mocht ich mich auch nicht, weil ich zu erhitzt war; schließlich setzt ich mich auf die offene Seite eines leeren Eimers. Das ging so leidlich, und bald war ich eingenickt.

Schon graute der Morgen, als ich durch das Knarren der Außentür geweckt wurde. Ein krummes, steinaltes Mütterchen, in grau vermummt bis unter die Augen, kam hüstend in die Küche gewackelt. Sie stieß einen kurzen, erschrockenen Quiekser aus, als sie mich sitzen sah; doch ganz gefährlich mußt ich wohl nicht aussehn, denn sie sammelte sich bald und sprach mich an mit gewinnender Freundlichkeit:

„Ei, sieh da, mein Söhnchen! Wo kommst denn du schon her?“

„Ach, Mütterchen!“ klagt ich. „Ich bin geritten die halbe Nacht durch auf einem mageren, bockichten Pferdchen, daß ich so steif bin wie ein hölzerner Sägebock. Habt Ihr nicht zum Einreiben irgendeine geschmeidige Salbe, die wohltut?“

„Na freilich, mein Kind!“ entgegnete sie dienstbeflissen. „Und was für eine!“

Sie öffnete den Wandschrank, kramte zwischen Gläsern und Töpfen und wählte schließlich eine zinnerne Büchse aus, die sie mir mit den traulichen Worten überreichte:

„Nimm hier, mein Sohn! Und schmier, mein Sohn! Paß auf, es wird schon anders werden!“

Bloß, um die Salbe mal vorläufig zu besichtigen, schrob ich den Deckel auf.

„Hu!“ machte die Alte und hielt sich schamhaft die Augen zu. „Bitte, nicht hier! Wenn ich's nur denk, werd ich rot!“

Sie drängte mich nebenan in ihr Schlafzimmer, wo ich mich denn auch gleich, sobald ich allein war, gewissenhaft und emsig bemühte, eine baldmöglichste Linderung meiner Leiden herbeizuführen.

Und jetzt passierte mir was, worüber ich nur mit dem höchsten Widerstreben und der tiefsten Beschämung zu berichten vermag.

Kaum hatt ich mit der Salbung begonnen, so ging durch mein ganzes Wesen ein auffälliges, nie empfundenes Drücken, Drängeln und Krabbeln. Die Nase dehnte sich nach vorn, steif richtete sich der Frack nach hinten auf. Schon ging ich auf allen vieren, und als ich zufällig in den Spiegel blickte, der neben dem Bette stand, fing ich ärgerlich zu bellen an, denn ich sah mein nunmehriges Ebenbild vor mir in Gestalt eines Pudels, blau, wie der Schniepel, und mit gelben Hinterbeinen, wie die Nankinghose.

Ich – muß ich mich noch so nennen, nach dem, was vorgegangen? Oder darf ich Er sagen zu mir? Leider nein! so gern ich auch möchte; denn das fühlt ich genau: Die sämtlichen alten Bestandteile meiner Natur hatten sich nur verschoben und etwas anders gelagert als zuvor, und während der untergeordnete Teil meines Verstandes zur Herrschaft gelangte, war mein höheres Denkvermögen gewissermaßen auf die Leibzucht gezogen, ins Hinterstübel, von wo aus es immer noch zusah, wie die neue Wirtschaft sich machte, wenn es auch selbst nichts mehr zu sagen hatte.

Ich machte einige ängstliche Seitensprünge. Dicht hinter mir klirrte es. Es waren die Goldmünzen, die vorher im Frack, aber nunmehr im Schweife steckten. Dies Geräusch regte mich dermaßen auf, daß ich, um es loszuwerden, so lange im Kreise herumlief, bis mir die Zunge aus dem Hals hing. Dann setzte ich mich mitten in die Kammer, hielt die Nase hoch, rundete das Maul ab und stieß die kläglichsten Laute aus.

Die Tür öffnete sich und wer steckte den Kopf herein? Meine reizende Hexe.

„Bist da, Peterle?“ rief sie lachend. „Hab ich dich erwischt, du Dieb, du Beutelschneider, du pudelnärrisches Hundsvieh, du?“

Es wurde mir wunderlich zu Mut. Mein Gefühl für dies Teufelsmädchen war nicht mehr Liebe, sondern einfach hundsmäßige Unterwürfigkeit. Ich kroch ihr zu Füßen; und wie ich so demütig mit dem Schwanze wedelte, klirrte es wieder drin, als wäre es eine Sparbüchse für Kinder.

„Aha! Da sitzt die Musik!“ lachte die Hexe. „Nur Geduld! Wenn der nächste Vollmond ist, dann wollen wir schnippschnapp! machen.“

Um ihr eine Aufmerksamkeit zu erweisen, stellt ich mich auf die Hinterbeine und versuchte mit den Vorderfüßen eine bescheidene Umarmung; aber eine wohlgezielte Maulschelle, die mir ein schmerzerfülltes Tjaujau! auspreßte, trieb mich scheu in den Hintergrund.

Zu Nacht wollt ich natürlich gern mit in die Kammer. Man schnappte mir die Tür vor der Nase zu. Mein Scharren und Winseln half mir nichts. Ich mußte einsam heraußen bleiben, rollte mich seufzend zusammen und verfiel endlich in einen unruhigen, oft unterbrochenen Schlummer, denn sämtliche Flöhe des Hauses, so schien es, hatten sich verabredet zu einem Stelldichein und munteren Jagdvergnügen in den dichten Wäldern meines lockichten Pelzes.

Morgens durft ich eintreten und meine Aufwartung machen und der Gnädigen die hübschen Pantöffelchen bringen, und jetzt, dacht ich, dürft ich mir wohl einiges herausnehmen und sprang, während sie sich die Zähne putzte, geräuschlos ins Bett, um mich nach der kühlen Nacht ein wenig zu erwärmen. Behaglich schloß ich die Augen. Doch sogleich wurde ich aufgescheucht mit harten Worten und ausgetrieben mit harten Schlägen vermittelst der Pantoffeln, die sehr spitze Absätze hatten, und dann goß sie mir ein Glas eiskaltes Wasser über den Rücken, daß ich bellte vor Schreck und jammernd hinausrannte in den Hof, wo ich mich zitternd auf ein sonniges Plätzchen legte und ärgerlich nach jeder Fliege schnappte, die mich neckisch umschwärmte.

Mein Hunger war groß. Zu fressen kriegte ich nichts. Ich scharrte eine Maus aus dem Loch und verzehrte sie mit vielem Behagen; ich fing Käfer,ja, sogar einen Gartenfrosch und verzehrte sie mit dem äußersten Widerwillen.

Meine Gebieterin lebte sehr mäßig. Am Hause hingen ein paar Nistkästchen, aus denen sie täglich drei Sperlingseier nahm, die sie gar zierlich ausschlürfte, das war alles, und dabei blieb sie gesund und lustig und boshaft dazu.

Eines Abends, als sie strickend am offenen Fenster saß wurde etwas hereingeworfen, was klingelnd zu Boden fiel. Es waren Dukaten.

„Je, der Nazi!“ rief sie freudig und lief und riegelte ihm die Haustür auf.

Mein ehemaliger Reisegefährte, bekleidet mit einem neuen Jagdanzug, trat stolz herein und wurde begrüßt mit stürmischer Zärtlichkeit ihrerseits, aber meinerseits mit gehässigem Knurren.

An seiner Jagdtasche hing eine Reihe toter Rotkehlchen. Sie wurden gerupft und gebraten für ihn; und anmutig sah es aus, wie auch das Hexlein ein ganz klein wenig dran knusperte mit den weißen, blitzenden Zähnen. Ich kriegte die Gerippe. Der Nazi legte mir jedes zuerst auf die Nase und ließ mich aufwarten, eh ich es nehmen durfte. Am liebsten wäre ich ihm an die Kehle gesprungen; da aber meine Gestrenge bedrohlich den Finger erhob, ließ ich mir’s gefallen, indem ich nur durch ein dumpfes Grollen und grimmiges Augenrollen meinem Unwillen Luft machte.

Diese Herrlichkeit zwischen den beiden mochte wohl so acht Tage gedauert haben, als ein unerwarteter Besuch kam; der alte Schlumann nämlich. In aller Stille hatte er draußen seinen Esel angebunden und trat nun unbefangen in die Küche, wie ein wohlbekannter Hausfreund, mit der Begrüßungsfrage: „Wie schaut’s, Lucinde?“

„Ah, der Onkel!“ rief sie. „Ah, der Goldonkel Wie herrlich, daß du kommst. Du bist doch der Beste von allen!“

Er mußte Platz nehmen im Lehnsessel. Sie warf sich ihm auf den Schoß, sie knöpfte ihm den Rock auf, sie schnallte ihm die Geldkatze ab und lief hin und entleerte sie klirrend in ihre Truhe. Er schmunzelte dazu.

Indes hatte der Nazi ein Gesicht gekriegt, blaßgelb wie Ziegenkäs. Plötzlich sprang er auf und schrie, die Sach wär ihm zu dumm, und er wollt's nicht leiden, und raus müßt der Kerl, und wenn's der Teufel wär. Und damit zog er den Hirschfänger und fuchtelte grausam in der Luft herum. Der alte Schlumann rührte sich nicht; aber die Hex, flink wie der Blitz hatte zwischen den Knöcheln ihres Mittel- und Zeigefingers dem Nazi seine Nasenspitze eingeklemmt und drehte eine schmerzensreiche Spirale daraus. Der Hirschfänger entfiel seiner Hand. Plärrend, wie ein Kalb, ließ er sich willenlos wegführen. Ich riß ihm noch ein tüchtiges Stück aus seiner neuen Hose; dann wurde die Tür hinter ihm zugeriegelt. Draußen tobte er fürchterlich und drohte, das sollte sich schon zeigen, ob eigentlich das Hexen noch erlaubt sei in einem christlichen Reiche deutscher Nation.

Auf einmal schwieg er still. Der Goldonkel und die Nichte legten sich ins Fenster; ich stellte mich auf die Hinterbeine und sah gleichfalls hinaus.

Was den Nazi so plötzlich zum Schweigen veranlaßte hatte, war der Esel, dem er jetzt näher trat, um ihn zweckentsprechend zu behandeln. Er strich ihm dreimal über den Rücken und wiederholte dreimal die Worte:

„Tata, Tata! Mach Pumperlala!"

„Nur gut!" schmunzelte Schlumann, „daß ich heut den echten zu Hause ließ."

Der Esel, durch das Streicheln angeregt, hob wirklich den Schwanz auf. Der Nazi hielt den Hut unter; aber es erfolgte nichts Wunderbares, sondern nur das, was in solchen Fällen bei gewöhnlichen Eseln allgemein üblich ist.

„Armer Nazi!" rief lachend die Hexe. „Es ist ja der Rechte nicht! Hehe!"

Wütend schlenkerte der Nazi seinen Hut aus und verschwand im Gebüsch.

Übrigens war dieser Schlumann auch mir recht zuwider; die fortgesetzten Liebkosungen zwischen Onkel und Nichte machten mich eifersüchtig, wie Hunde sind; als daher dieser Verhaßte, bedeckt mit den zärtlichsten Abschiedsküssen, eines schönen Morgens wieder wegritt auf seinem Esel, vollführte ich vor lauter Vergnügen, trotz meiner Magerkeit, ringsum im Hof einen lustigen Dauerlauf.

Ich war allmählich in meinen Manieren ganz Hund geworden. Ich gähnte ungeniert in Gegenwart meiner Herrin, ich kratzte mich, ich wälzte mich schamlos auf dem Rücken, ich drehte mich stets dreimal herum, ehe ich mich niederlegte zum Schlummern, ich bellte, um mich wichtig zu machen, wenn auch nichts los war, und wo ich einen alten Strumpf oder Schuh fand, nagt ich daran herum.

Meine Behandlung, obgleich ich mich der äußersten Demut befliß und meine schöne Tyrannin beständig im Auge hatte, wurde nicht besser. Ich mußte mich damit begnügen, von weitem zu wedeln und hündisch zu lächeln, was ich jedesmal tat, wenn sie zufällig mal hersah. In die Nähe wagt ich mich nicht, denn meine Rippen mußten in beständiger Furcht sein vor spitzen Absätzen der zierlichen Pantoffeln. Endlich, zur Verzweiflung getrieben vor Hunger und Kummer, brannt ich durch.

Ich lief bis zum nächsten Städtchen, wo mich eine alte Jungfer vermittelst Zucker und zärtlichen Zungenschnalzens zu sich hereinlockte. Hier lebt ich in Überfluß. Sie wusch und kämmte mich, sie knüpfte mir ein rosa Bändchen um, sie häkelte mir einen himmelblauen Paletot, sie nannte mich unter tausend Küssen ihren süßen, einzigen Herzensfreund. Den ganzen Tag lag ich auf dem Kanapee, und des Nachts durft ich sogar als Wärmflasche zu ihren jungfräulichen Füßen liegen. Bald war ich so faul und wurde so fett, daß die Verdauung stockte. Statt froh und dankbar zu sein, zeigt ich mich grämlich und unzufrieden, und kurz und gut, als meine Wohltäterin, deren Zärtlichkeit mir auch nicht recht passen wollte, mal wieder, wie gewöhnlich zur Frühmesse ging, schlich ich mich fort, immer dicht an den Häusern hin, und drückte mich schließlich in die erste Tür, die ich offen fand. Ich war in die Apotheke geraten.

„Ha!“ rief der Provisor. „Delikat! Das gibt Hundsfett, um die Bauern damit anzuschmieren. Sehr ergiebig für den Handverkauf.“

Er bot mir eine Pille an. Sie roch verdächtig; mein Instinkt warnte mich, sie anzunehmen. Ich fletschte die Zähne, knurrte, machte kehrt und rannte und rannte bis draußen vors Tor; denn mein Fett, so lästig mir's war, wollte ich doch auf diese Art nicht gern los werden.

Nicht weit vor der Stadt fing mich ein Milchmann ein, der grad einen Zughund brauchte. Dies war die richtige Kur für mich; schon nach wenigen Tagen fühlte ich mich leichter. Nur etwas war peinlich dabei. Die fremden Hunde, wenn ich den Karren zog, nachdem sie mich prüfend berochen hatten, bellten mich an und bissen mich fürchterlich; ich biß sie wieder; wodurch denn der Verlauf des Geschäfts allerlei bedenkliche Störungen erlitt. Geistig angeregt durch diese Verdrießlichkeiten, machte mein Herr eine praktische Erfindung. Er brachte unterhalb des Fuhrwerks einen nur nach unten offenen Kasten an, worin ich angespannt wurde und ziehen mußte; er selbst brauchte nur die Deichsel zu regieren.

So war ich allerdings einerseits wohl geschützt gegen alle Versuchungen und Anfechtungen der Außenwelt, indes anderseits, je mehr ich Muße hatte, mich inwendig zu besehn, um so deutlicher trat nun wieder das Bildnis der zuerst verlassenen Herrin, so bös sie auch war,vor die untertänigst ergebene Sklavenseele.

Ich wurde abends im Hof angebunden vor der Hundshütte. Ich käute den Strick entzwei und eilte so rasch wie möglich dem Walde zu, um wieder in der Nähe derjenigen zu sein, die mich so grausam behandelt hatte; ich kratzte an der Tür, und sogleich wurde aufgemacht. Ungewohnt liebenswürdig wurd ich empfangen; ich gabs Pfötchen; sie kraute mir Kopf und Rücken. So selig und zufrieden war ich noch nie.

„Grad kommst recht!“ sagte sie schmeichelnd. „Gleich geht der Vollmond auf. Da wird’s gemütlich!“

Hierauf machte sie ein lustiges Feuer an und schürte es mit der Zange, die sie, wie ich arglos bemerkte, drin liegen ließ; und dann holte sie aus dem Schrank ein gebratenes Vögelchen, das nach meinem damaligen Geschmack grad so recht angenehm anrüchig war, hielt es mir unter die Nase, warf es in die neben dem Herde stehende offene Truhe und forderte mich auf, es zu suchen. Freudig wedelnd mit dem Klapperschwanz, an dessen Geräusch ich mich längst gewöhnt hatte, taucht ich mit Kopf und Vorderbeinen in die Tiefe des Kastens, um mir den leckeren Bissen zu Gemüte zu führen.

Einer der peinlichsten Augenblicke meines Lebens war gekommen.

Im Nu schnappte die Hexe den Deckel zu. Und jetzt, plötzlich, ungefähr da, wo einst die Frackschöße ihren gemeinsamen Ursprung nahmen, ein Kniff, ein Schmerz, unsäglich brennend, ein Scharren mit allen vieren, ein gräßlicher Klageton, dumpf widerhallend in der Höhlung des Koffers, ein krampfhaftes Zucken – ich machte mich los, ich erhebe mich. Wahrhaftig ich stand wieder aufrecht da auf meinen menschlichen Hinterfüßen.

Mein erster Griff war nach hinten: der Frack war zur Jacke geworden. Ein brenzliger Geruch erfüllte die Küche; die Feuerzange lag noch dampfend am Boden, ein Frackzipfel daneben; den andern hielt die Hex in der Hand und schüttelte lachend ihr goldenes Haarband heraus.

„Hol dich der Satan auf der Ofengabel, verwünschte Zauberin!“ rief ich wütend. „Mich siehst nimmer!“

Ich griff nach der Türklinke; aber eh ich noch draußen war, hatte das boshafte Geschöpf schon den Blasebalg vom Herde genommen und blies mir damit eiskalt ins Genick. Von diesem „Hexenschuß“ steht mir noch heute der Kopf so schief, daß Leute, die mich nicht kennen, oft schon gemeint haben, ich müßte ein rechter Scheinheiliger und Heuchler sein.

In hohen Sprüngen, obgleich mir bei jeder Erschütterung ein Stich durchs Genick fuhr, verließ ich den Wald, und erst lange nachher ging ich langsamer und sammelte mich und zupfte meine Krawatte zurecht, bei welcher Gelegenheit ich eine überraschende Entdeckung machte.

Mein Medaillon war wieder da; bei der aufgeregten Strampelei in der Truhe mußte es sich mir um den Hals geschlungen haben. Sofort fiel mir die Heimat ein; das stille Gehöft, der getreue Vater, das hübsche Kathrinchen, der biedere Gottlieb, an die ich solange nicht gedacht, die ich so leichtfertig verlassen hatte. Was hatte ich gefunden heraußen in dieser verlockenden Welt, als Schmerz und Enttäuschung; wie tief, durch meine unsteten Begierden, war ich gesunken! Ein Streuner war ich geworden, ein Faulenzer, ein Gauner beinah, und schließlich ein Pudel, ein kriechender Hund mit einem Pelz voller Flöhe, der verächtliche Sklav einer geldgierigen, ruchlosen Hexe.

Der Himmel hatte sich in Wolken gehüllt, ich stand ratlos da in völliger Düsterheit. Indem, so fächelte mir was, wie mit unsichtbarem Flügelschlage, um Nase und Ohren herum, und auf einmal fing es an aufzuleuchten. Er war's. Im eigenen Lichtglanz seines grün juwelenhaft funkenden Hinterteils schwebte er dicht vor mir her, mein alter Schmetterling, dem ich niemals zugetraut hätte, daß er solch eine schöne Laterne besaß. Die Jagdlust regte sich wieder. Ich zog den Hut, ich haschte vergebens. Immer schneller mußt ich laufen; ich stolperte über kleine Erhöhungen des Bodens; ich kam zu Fall. Das Licht erlosch.

Als ich mich aufgerappelt hatte, brach grad der Mond durch die Wolken, erhellte flüchtig eine Kirche mit spitzem Turm und versteckte sie wieder. Ich saß auf dem einen Ende eines Grabhügels; mir gegenüber auf dem andern Ende saß ein Geist, nebelhaft weiß, gleichsam nur ein faltiges Bettlaken in menschlicher Gestalt.

Er sah ungemein betrübt aus und sprach hohl und schaurig, indem er rings um sich her blickte:

„Kein Monument! Noch immer kein Monument! Fünfhundert Gulden ausgesetzt, und doch kein Monument! Wann, oh wann krieg ich ein Monument?"

„Aha!" sag ich. „Ihr seid gewiß dem Nazi sein Vetter! Diesen Nazi kenn ich. Die Sach ist erledigt, das Geld verputzt, und auf Euer Denkmal könnt Ihr gefälligst lauern, bis Ihr schwarz werdet."

Der Geist, als er dies vernahm, legte sich in tiefe Querfalten und stöhnte fürchterlich.

„Ich muß mich wirklich über Euch wundern!" fuhr ich fort. „Längst tot und doch noch eitel?

Schämt Euch, Alter, und legt Euch ruhig aufs Ohr, wie's guten Geistern geziemt."

Mit dieser wohlgemeinten Ermahnung hatt ich, wie man zu sagen pflegt, das Kalb ins Auge geschlagen; nie hätt ich geglaubt, daß ein Geist sich so ärgern könnte.

Das Gespenst machte sich lang, schwebte eilig herüber zu mir, saß mir am Buckel, nahm mich beim Kragen, schleifte mich dreimal um die Kirche und hob sich dann in die Luft mit mir, so hoch wie die Spitze des Kirchturms.

Bum! Da schlug es eins. Der Geist ließ mich los. Ich fiel und fiel – und ich fiel –.

Schon nach drei Sekunden befand ich mich in einem Zustande der tiefsten Unwissenheit.

Ein närrischer Zustand, das! Wenn's kein Wieso? mehr gibt und kein Aha! Wenn Gulden und Kreuzer, wenn Vetter und Base, wenn Onkel und Tante, wenn Butter und Käse gleich Wurst und ganz egal und ein und dasselbe sind; wenn's einem auf ein paar tausend Jahre mehr oder weniger nicht ankommt; wenn – doch genug darüber! Am gescheitesten wird's sein, man macht es wie die eigentlich Sachverständigen, denen es grad passiert: Sie sitzen, liegen oder hängen da in verständiger Schweigsamkeit.

Was ich zunächst nur sagen möchte, obgleich's auch überflüssig wäre, ist dies: Ich erwachte wieder; ich besann mich wieder auf mein Vorhandensein als lebendiger Teil dieses sogenannten Weltsystems, dessen Übersicht im ganzen ja schwierig ist.

Nachdem ich eine sitzende Stellung angenommen, mir die Augen gerieben und mich behaglich gedehnt und gereckt hatte, als hätt ich nach einer längeren Fußtour einen gesunden, erquickenden Schlaf getan, bemerkte ich erst, daß ich mich in einem geräumigen Garten befand, den eine hohe Mauer umgab.

Dicht vor mir lag ein Feld mit Kohl bebaut, lauter Kappisköpfe von beträchtlicher Dicke. Auf den Blättern saßen zahllose Raupen und fraßen und verpuppten sich mit großer Geschwindigkeit, und schon im nächsten Augenblick brachen die Hüllen auf, und ein buntes Gewimmel von Schmetterlingen erfüllte die Luft.

Aber auch ein Baum stand da von erstaunlicher Höhe, ganz dicht besetzt mit Nestern, aus denen unaufhörlich ein Schwarm von Vögeln herausflatterte, so schwarz wie Raben und so flink wie Fliegenschnäpper.

Und, was mich am meisten wunderte, der Kohl wuchs zusehends vor meinen Augen, und im Umsehn wurden allerlei Menschen daraus, und jeder Kappismensch hatte ein Netz in der Hand, und die Schmetterlinge flogen über die Mauer und die Vögel und die Menschen hinterher.

Das Feld links neben mir war noch nicht bestellt. Zwei Männer waren beschäftigt, es umzugraben. Sie machten eine Pause, lehnten sich auf ihre Spaten und sahen sich um; und jetzt bemerkte ich erst, daß es gar keine richtigen Mannsbilder waren, sondern zwei riesige Käfer, der eine in einem schwarzgelbbunten Röcklein, ein Totengräber, der andere blauschwarz, von der Sorte, die wir, wenn wir unter uns sind, schlechtweg mit dem Namen Mistkäfer bezeichnen.

Die Sonne senkte sich schon. Trotzdem sagte der Totengräber zu mir:

„Guten Morgen! Grad hatten wir vor, dich unterzugraben!"

„Oho!" rief ich.

„Na!" sagte er. „Sieben Jahre gelegen, ist doch wohl lange genug!"

Ich lächelte wie einer, der Spaß versteht.

„Wir wollen Dumme säen!" fuhr er fort. „Gleich einen ganzen Acker, damit sie nicht alle werden."

„Man braucht halt Dünger!" meinte der Mistkäfer.

Um auf etwas anderes zu kommen, sagt ich:

„Ihr habt hier mehr schwarze Vögel als bunte Schmetterlinge, wie ich sehe."

„Ganz richtig!" erwiderte der Mistkäfer. „Erst drüben, jenseits der Mauer, merkt man es recht. Für jede angenehme Erwartung gibt's mindestens drei unangenehme Möglichkeiten."

„Also leg dich und halt uns nicht auf!“ mahnte ungeduldig der Totengräber.

„Nur schad um den schönen Bart!“ meinte der andere.

Ich griff ans Kinn. Es war so. Ich hatte einen ellenlangen Bart gekriegt.

Sollte denn wirklich, dacht ich –. Aber eh ich noch weiter dachte, flatterte aus dem Kohlfelde mein Schmetterling auf, in verjüngter Herrlichkeit, so munter und farbenschön, wie ich ihn noch niemals gesehen hatte.

„Ein Netz!“ schrie ich. „Ich will hinaus!“

„Wer will, der darf!“ brummten die Käfer.

Der eine gab mir ein Netz, der andere einen Schlag mit der flachen Schaufel hinten vor zur Nachhilfe und dort hupft ich hin, über die Mauer, mit übernatürlicher Leichtigkeit, in hohen Bogensätzen, gleich wieder emporschnellend, sobald ich nur eben mit der Spitze des Fußes den Boden berührte, wie's zuweilen in unbehinderten Träumen geschieht, wenn die Sohlen so elastisch sind, als säßen Sprungfedern drunter. Auch würd ich den Schmetterling sicher erwischt haben, denn ich war fast noch schneller als er, hätte ihn mir nicht einer von den schwarzen Vögeln grad weggeschnappt, als ich eben den entscheidenden Hieb tun wollte. Ärgerlich warf ich das Netz fort, hupfte gleichgültig weiter und machte erst, als es lange schon Nacht geworden und ich in der Ferne was Helles sah, wieder höhere Sprünge. Alsbald befand ich mich in einem Park, dicht vor den Fenstern eines hell erleuchteten Schlosses, wo es lustig drin zuging bei den Klängen der herrlichsten Blechmusik.

Es war vornehme Gesellschaft. In allen Sälen wurde gespielt. Mein erster Blick fiel auf Lucinde, die lachend am Spieltische saß. Eine fünf Ellen lange, silbergestickte Schleppe ringelte sich neben ihr auf dem Teppich, wie eine glitzernde Schlange. Sie hatte einen Haufen Gold vor sich liegen. Ihr Gegenpart war ein jovialer Herr, schon ziemlich bei Jahren, dessen Hände und Gesicht ganz schwarz aussahen. Seine Nägel waren sehr lang, seine Ohren sehr spitz, seine Nase sehr krumm, und auf der Stirn hatt er zwei niedliche vergoldete Bockshörnchen sitzen. Der alte Schlumann war auch da. Er blitzte von Diamanten, spielt aber nicht mit, sondern ging nur schmunzelnd von Tisch zu Tisch. Er schien der Gastgeber zu sein.

Gern hätt ich noch länger zugesehn, wär nicht ein schwarzer Hund mit feurigen Augen um die Ecke gekommen, der fürchterlich bellte, so daß ich mit einem einzigen Satz hinaus vor das Schloßtor hupfte.

Hier hielten bereits die Equipagen, um die Herrschaften abzuholen. Die Lakaien, die herumstanden, machten einen soliden, vertrauenerweckenden Eindruck. Sie waren weiß gepudert, glatt rasiert, dick und fett, und jeder trug in großen goldenen Buchstaben einen trefflichen Wahlspruch auf der Livree, der eine „Gut“, der andere „Schön“, der dritte „Wahr“, der vierte „ora“, der fünfte „labora“, und so ging’s weiter.

„Es freut mich“ – sagt ich –, „solch biedere Leute zu sehn!“

„Mit Recht!“ sprach der dickste von allen, dem „Treu und Redlich“ am Buckel stand. „Wir sind die guten Grundsätze.“

Gerührt wollte ich ihm die Hand drücken, aber sie war weicher als Butter, und als ich ihm auf die Schulter klopfte, sackte der Kerl zusammen wie eine aufgeblasener Schlauch, wobei ihm die ausströmende Luft geräuschvoll durch sämtliche Knopflöcher pfiff.

„Ha, Windbeutel!“ rief ich. „Seid ihr denn alle so?“

Eh ich dies noch genauer untersuchen konnte, kamen Diener mit Fackeln vom Schlosse her.

„Platz für Se. Durchlaucht, den Fürsten dieser Welt!“ hieß es. „Mach dich fort, du Lump!“

Eilig hupft ich die Chaussee entlang. Eine Karosse, hell glühend wie feuriges Gold, kam hinter mir hergerasselt. Drinnen, in die schwellenden Polster gelehnt, saß traulich schäkernd der schwarze Herr bei der Hexe Lucinde. Hintenauf stand „Treu und Redlich“, der fette Lakai, und wurde gerüttelt, daß ihm alle vier Backen wabbelten; und was das Drolligste war, zwischen den Schößen seines Bedientenfracks baumelte neckisch ein Kuhschwanz.

Der Anblick reizte mich. In plötzlichem Übermut, mit raschem Griff erfaßt ich den Wedel und schwang mich, der rechten Fuß voran, aufs Kutschenbrett. Ebensogut hät auch auf die Platte des höllischen Bratofens springen können, wenn grad zugekocht wird für Großmutters Geburtstag. Ein Gelächter von seiten Lucindens, als ob sie gekitzelt würde; ein Schrei meinerseits, als ob ich am Spieße steckte; ein Purzelbaum nach hinten; und unten war ich auf der platten Chaussee, in der unglücklichen Lage eines auf den Rücken gefallenen Maikäfers.

Ächzend kroch ich seitab in den Graben. Der Brandschaden war beträchtlich; doch braucht ich, um ihn näher zu besichtigen, den Stiefel nicht auszuziehn, denn mein rechter Fuß stand frei zutage, in Gestalt einer einzigen Blase. Infolgedessen hegt ich den lebhaften Wunsch, es möchte wer kommen, der mich mitnähme.

Endlich, im Morgennebel, näherte sich langsam rumpelnd ein ländliches Fuhrwerk. Vorn, auf einem Bund Stroh, saß das Bäuerlein und sang bereits in aller Früh gar fröhlich und wohlgelaunt:

Gretelein hupf in die Höh,
Daß ich deine Strümpfe seh,
Weiß wie der Schnee alle zwee
Hopsa, huldjeh!

und hinter ihm, als einziges Gepäckstück, stand ein langer, schlichter Kasten von Tannenholz.

Kaum bemerkte der gemütvolle Fuhrmann meinen leidenden Zustand, so hielt er still und war mir behilflich, seinen Wagen zu besteigen, wo ich denn auch auf dem Kasten einen recht passenden Sitz fand.

Wir waren noch nicht lange gefahren, als sich mein freundlicher Kutscher zu mir umdrehte und sprach:

„Ihr habt Glück! Grad fahr ich zum Doktor Schnorz in die Stadt. Der versteht's. Da heißt's ritschratsch! und damit gut. Ich bringe ihm den da, von Amts wegen."

Bei den letzten Worten klopfte er mit dem Peitschenstiel auf die Kiste, und weil mir nicht recht klar war, was er meinte, hob ich den Deckel auf.

„Der Nazi!" schrie ich entsetzt.

„Vielleicht heißt er so!" meinte das Bäuerlein. Jedenfalls hat ihn eine Natter gebissen, draußen im Wald, und jetzt muß er zum Doktor, und damit gut!"

„Er ist ja tot!" rief ich.

„Eben drum! Und um so besser für ihn, und damit gut!" erwiderte der Wagenlenker.

Er nahm sein munteres Lied wieder auf, aber diesmal ohne Worte, bloß vermittelst seines mündlichen Flötenspiels, worin er, wie sich zeigte, eine bedeutende Fertigkeit hatte.

Ich, inzwischen, saß etwas unruhig. Ein gewisses eisiges Mißbehagen, in der Richtung von unten her, lief mir den Rücken hinauf bis unter den Hut, so daß ich froh war, kann ich wohl sagen, als wir endlich, so etwa um elf, vor der Behausung des Doktors hielten.

Nicht ohne ängstliche Vorurteile begab ich mich langsam humpelnd in das Empfangszimmer. Doktor Schnorz war schon in Tätigkeit. Er sah übrigens gar nicht so grausam aus, wie ich mir vorher gedacht hatte. Im Gegenteil. Seine frische Farbe, seine schwellenden Lippen, seine dicken schalkhaften Augen, die aufgekrempelten Hemdärmel, die Arbeitsschürze über dem rundlichen Bäuchlein, das alles machte durchaus den Eindruck eines sauberen Metzgermeisters, den jedermann gern hat.

Grad war er dabei, einen Landmann auszuforschen, in dessen Zügen sich tiefe Besorgnis malte.

„Wie alt ist denn Euere Frau?"

„Na!" meinte der Bauer. „So fünfzig bis sechzig."

„Schlagt das alte Weib tot. Mit der ist nichts mehr zu machen. Adieu!"

Als der Bauer, dessen Züge sich völlig erheitert hatten, an mir vorbeiging, hört ich ihn sagen:

„Das ist noch ein Doktor! Wenn er einsieht, es hilft doch nichts, so erspart er einem die Kosten."

Jetzt kam eine dicke Madam an die Reih.

„Ach, Herr Doktor!" fing sie zu klagen an. „Ich weiß nicht, ich bin immer so unruhig. Jede Stund in der Nacht hör ich den Wächter blasen, und ich fürcht mich so vor Mäusen und schlechten Menschen; das macht gewiß die Nervosität."

„Ein neumodisch Wort!" sprach der Doktor. „Sonst nannte man's böses Gewissen. Ganz die Symptome. Halten Sie Ihre Zunge im Zaume, meine Gnädige. Seien Sie freundlich gegen Ihre Dienstboten. Viel Wasser! Wenig Likör! Gute Besserung, Madam!"

Diese Dame, als sie hinaussegelte, schien mir von den heilsamen Ratschlägen des Doktors Schnorz durchaus nicht befriedigt zu sein.

Und jetzt kam ich.

„Ah!" rief Schnorz mit freudigem Erstaunen. „Seh ich recht? Erlaubt mal eben. Es ist bloß zur Probe."

Während er diese Äußerung hinwarf, hatte er mir auch schon die große Zehe abgeschnitten und legte sie unter sein Vergrößerungsglas.

„Hab's gleich gedacht!" sprach er befriedigt. „Der richtige Höllenbrand. Kurzab! ist das beste."

„Ist's lebensgefährlich?" fragte ich ängstlich.

„Warum das nicht?" erwiderte der Doktor. „Aber seid nur getrost; wenn's schief geht, wird die Welt zur Not auch ohne Euch fertig werden. Da seht mich an. Heut wenn ich sterb, ist morgen ein anderer da, und ich freu mich schon drauf, daß die Juden kein Geld kriegen."

Hiermit drückte er mich in einen behaglichen Lehnsessel, schnallte mich fest, ergriff ohne weiteres die Säge und ging eifrig ins Geschirr. Bei jedem Schnitt, den er tat, stieß er ein kurzes, ächzendes Ha! aus. Erst ging es gnatsch! gnatsch! dann ging es ratz! ratz! Zuletzt ging es bump!

Da! mein Fuß war mich losgeworden.

Auch fernerhin verlief die Sach sehr rasch und günstig, so daß der gute Doktor, der mir inzwischen zwei schöne Krücken hatte anfertigen lassen, schon nach vierzehn Tagen sich die Freude machen konnte, mich vor den Spiegel zu führen.

Der, den ich darin erblickte, gefiel mir nicht. Kopf kahl, Nase rot, Hals krumm, Bart struppig; ein halber Frack, ein halbes Bein; summasummarum ein gräßlicher Mensch. Und das war ich.

Aber ehe ich noch Zeit hatte zu weinen, rief der Doktor triumphierend:

„He? Wie? Was sagt Ihr nun? Schmucker Kerl fürwahr! Reiche Frau heiraten. Alles in Ordnung! Gratuliere! Und glückliche Reise!"

Gerührt und dankbar drückt ich dem Doktor, der alles umsonst getan, die fleischige Hand, verließ die Stadt und begab mich auf die Dörfer in der Absicht, mich langsam so weiterzubetteln, bis ich schließlich nach Hause käme.

Letzteres ging schneller, als ich dachte.

Der Spätherbst war gekommen; kalt wehte der Wind; an meinem einst so reizenden Anzuge flatterten die Lappen wie Espenlaub. Als ich daher in Erfahrung brachte, daß in einem Hause jemand das Zeitliche gesegnet hatte, schien mir das eine für meine Bedürfnisse sehr hoffnungsreiche Aussicht zu eröffnen, denn, wie bekannt, lassen gerade die Toten oft ganz brauchbare Kleider zurück, auf die niemand recht Anspruch macht.

Ich hatte mich nicht getäuscht. Der Großvater war gestorben. Die glücklichen Erben, denen der hochbetagte Mann begreiflicherweise schon längst ein wenig im Wege saß, und die sich nun in einer sanftheiteren, mildtätigen Stimmung befanden, schenkten mir, ohne daß ich lange zu bitten brauchte, sehr gern den drittbesten Anzug, den der Verstorbene bis an sein seliges Ende für gewöhnlich und mit Vorliebe zu tragen pflegte. Um ihn anzulegen, zog ich mich in den Kuhstall zurück. Allerdings, die Hose war bedeutend zu weit und der Flausrock bedeutend zu lang für mich, aber um so besser paßte mir die mollige, wollige, etwas fettige Pelzkappe, die sich tief über die Ohren ziehen ließ, ganz nach Bedarf. Solchermaßen wohl ausgerüstet gegen die Unbilden der Witterung, setzte ich humpelnd meine beschwerliche Wanderfahrt fort.

Schon beim nächsten Hause erwischte mich der Bettelvogt und trieb mich mit seinem Spieß vor sich her in das dortige Ortsgefängnis, genannt „Hundeloch“, allwo man, nachdem man mich einem kurzen Verhör unterworfen, den Beschluß faßte, mich umgehend auf den Schub zu bringen.

Mein Schreck war heftig, und doch war's mein Glück. Es bewährte sich auch an mir das treuherzige Sprichwort:

Was erst verdrießlich schien,
War schließlich gut für ihn.

Da man mich mit Recht in keiner Gemeinde für einen ersprießlichen Mitbürger ansah, beeilte sich jede, mich möglichst prompt über die Grenze zur nächstfolgenden zu schaffen, bis ich endlich von der letzten mit unfehlbarer Sicherheit in aller Stille auf dem mir wohlbekannten Gebiete der Stadt Geckelbeck abgesetzt wurde, indem man hier das Weitere ganz meinem freien Ermessen anheimstellte.

Es war ein lustiges Schneegestöber bei nördlichem Winde, als ich abends mühselig auf zwei Krücken und einem Bein das väterliche Gehöft wieder betrat, das ich einst so leicht auf zwei Beinen verlassen hatte.

Ich sah erst mal schüchtern durchs Fenster. Im Sorgenstuhl saß der Gottlieb, der bedeutend behäbiger aussah als sonst, und hatte zwischen seinen Knien einen Knaben von drei, vier Jahren, dem er eine Peitsche zurecht machte. Neben dem Kachelofen stand eine Wiege. Neben der Wiege saß die Kathrin und nährte einen runden Säugling an ihrer strotzenden Brust. Die Magd deckte den Tisch. Der Vater fehlte.

Mein Atem war bei diesem Anblick etwas ins Stocken geraten. Fast wäre ich wieder umgekehrt; aber das grausame Wetter veranlaßte mich, einzutreten und um Herberge zu bitten für die Nacht.

Ohne viel Umstände wurde das Gesuch des unbekannten Fremdlings mit dem größten Wohlwollen genehmigt.

„Oder“ – fragte Gottlieb den Knaben – „sollen wir ihn lieber wieder hinausjagen in Wind und Wetter? Was meinst Du, Peter?“

„Nein, nein!“ rief der gutherzige Junge. „Armer Mann hier bleiben; viel Wurst essen, daß Bein wieder wächst!“

Die Nacht schlief ich beim Knecht im Pferdestall und von ihm erfuhr ich die ganze Geschichte.

Nach jahrelangem vergeblichen Warten hatte der Vater, der fest glaubte, mich hätte der Muddebutz hinabgezogen in den Grummelsee, sein Sach dem Gottlieb und der Kathrin verschrieben. Er war stiller und stiller geworden. Eines Morgens fand man ihn tot.

Während dieses Berichtes hatte sich, um es zart auszudrücken, meine Seele umgekrempelt nach innen. Ich wollte arbeiten; ich wollte geduldig ausessen, was ich mir eingebrockt hatte, und nie, mit diesem festen Gelübde schlief ich ein, sollten diese guten Leute, die mich so herzlich aufgenommen, in Erfahrung bringen, wer ich sei.

Früh stand ich auf. Einige schadhafte Kleidungsstücke des kleinen Peter, die auf dem Treppengeländer hingen in Erwartung des Weiteren, gaben meinem Tätigkeitsdrang die nötige Richtung. In der Stube im Tischkasten fand ich Nadel und Zwirn.

Als man sich versammelte, um die Morgensuppe zu essen, war mein Werk schon fix und fertig. Es wurde eingehend besichtigt und fand bei allen denen, die in solchen Dingen ein reiferes Urteil besaßen, den freudigsten Beifall.

Man ersuchte mich dringend, einige Tage noch dazubleiben. Aus Tagen wurden Wochen, aus Wochen sind Jahre geworden. Durch reichhaltige Übung steigerte sich meine Geschicklichkeit nicht bloß in der Wiederherstellung des Alten und Verfallenen, sondern ich schuf auch Neues nach eigener Maßnahme aus dem Vollen und Ganzen heraus. Der Ruf meiner Kunst drang bis nach Geckelbeck, und Frau Knippipp, meine ehemalige Meisterin, die schon seit einiger Zeit Wittib geworden, ließ mir sogar einen ehrsamen Antrag machen, sie zu ehelichen. – Kalt abgeschlagen!

Auf Gottliebs Befragen hatt ich mich Fritz Fröhlich genannt. Der kleine drollige Peter, mein Liebling, nannte mich „Humpelfritze“; ein passender Name, mit dem ich seitdem allgemein angeredet werde, selbst von Leuten, die nicht die Ehre meiner näheren Bekanntschaft haben.

Und so leb ich denn allhier als ein stilles, geduldiges, nutzbares Haustier. – Schmetterlinge beacht ich nicht mehr. – Oben im alten Giebelstübchen hab ich mir eine gemütliche Werkstatt eingerichtet.

Noch immer reiten die Hexen da vorbei. Neulich, in der Walpurgisnacht, als ich saß und schrieb an dieser Geschichte, spähte Lucinde durchs Fenster herein. Sie lachte wie närrisch; sie war noch grade so hübsch wie ehedem.

Gelassen sah ich sie an, flötete, nahm eine Prise und machte Haptschih!! –

Das Manuskript der obigen Erzählung fand kürzlich ein Sommerfrischler auf dem Taubenschlage neben dem Giebelstübchen jenes nämlichen Gehöftes, wo der Verfasser seine Tage beschloß. Die Nachkommen von Gottlieb und Katharine lebten noch daselbst in gedeihlichen Verhältnissen. Wirklich war die Persönlichkeit des guten Peter erst festgestellt worden, als man nach seinem Ableben das Medaillon bei ihm fand. Sein ungekünstelter harmloser Stil, seine rücksichtslose Mitteilung selbst solcher Erlebnisse, die für ihn äußerst beschämend gewesen, drücken seinem Berichte den Stempel der Wahrheit auf, und nur der Halbgebildete, dem natürlich die neueren Resultate der induktiven Wissenschaft auf dem Gebiete des Wunderbaren nicht bekannt sind, wird Anstoß nehmen an diesem und dem, was man früher unmöglich nannte.

Die fromme Helene

Erstes Kapitel

Lenchen kommt aufs Land

Wie der Wind in Trauerweiden
Tönt des frommen Sängers Lied,
Wenn er auf die Lasterfreuden
In den großen Städten sieht.

Ach, die sittenlose Presse!
Tut sie nicht in früher Stund
All die sündlichen Exzesse
Schon den Bürgersleuten kund?!

Offenbach ist im Thalia,
Hier sind Bälle, da Konzerts.
Annchen, Hannchen und Maria
Hüpft vor Freuden schon das Herz.

Kaum trank man die letzte Tasse,
Putzt man schon den ird'schen Leib.
Auf dem Walle, auf der Gasse
Wimmelt man zum Zeitvertreib.

Wie sie schauen, wie sie grüßen!
Hier die zierlichen Mosjös,
Dort die Damen mit den süßen,
Himmlisch hohen Prachtpopös.

Und der Jud mit krummer Ferse,
Krummer Nas' und krummer Hos'
Schlängelt sich zur hohen Börse
Tiefverderbt und seelenlos.

Schweigen will ich von Lokalen,
Wo der Böse nächtlich praßt,
Wo im Kreis der Liberalen
Man den Heil'gen Vater haßt.

Schweigen will ich von Konzerten,
Wo der Kenner hoch entzückt
Mit dem seelenvoll-verklärten
Opernglase um sich blickt,

Wo mit weichen Wogebusen
Man schön warm beisammen sitzt,
Wo der hehre Chor der Musen,
Wo Apollo selber schwitzt.

Schweigen will ich vom Theater,
Wie von da, des Abends spät,
Schöne Mutter, alter Vater
Arm in Arm nach Hause geht.

Zwar man zeuget viele Kinder,
Doch man denket nichts dabei.
Und die Kinder werden Sünder,
Wenn's den Eltern einerlei.

„Komm Helenchen!" sprach der brave
Vormund – „Komm, mein liebes Kind!
Komm aufs Land, wo sanfte Schafe
Und die frommen Lämmer sind.

Da ist Onkel, da ist Tante,
Da ist Tugend und Verstand,
Da sind deine Anverwandte!"
So kam Lenchen auf das Land.

Zweites Kapitel

Des Onkels Nachthemd

„Helene!“ – sprach der Onkel Nolte –
„Was ich schon immer sagen wollte!
Ich warne dich als Mensch und Christ:
Oh, hüte dich vor allem Bösen!
Es macht Pläsier, wenn man es ist,
Es macht Verdruß, wenn man’s gewesen!“

„Ja, leider!“ – sprach die milde Tante –
„So ging es vielen, die ich kannte!
Drum soll ein Kind die weisen Lehren
Der alten Leute hochverehren!
Die haben alles hinter sich
Und sind, gottlob! recht tugendlich!
Und gute Nacht! Es ist schon späte!
Und, gutes Lenchen, bete!, bete!“

Helene geht.– Und mit Vergnügen
Sieht sie des Onkels Nachthemd liegen.

Die Nadel her, so schnell es geht!
Und Hals und Ärmel zugenäht!

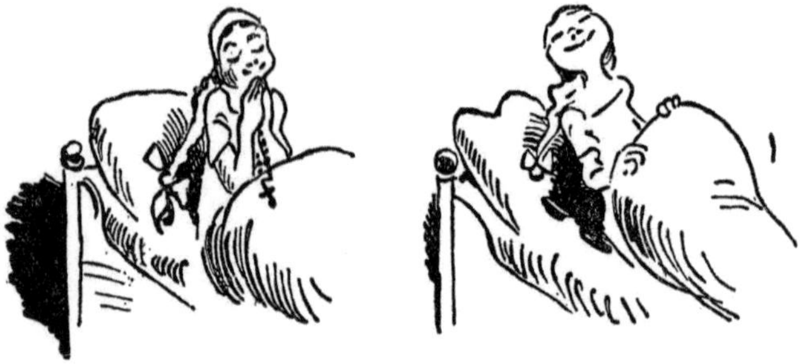

Darauf begibt sie sich zur Ruh
Und deckt sich warm und fröhlich zu.

Bald kommt der Onkel auch herein
Und scheint bereits recht müd zu sein.

Erst nimmt er seine Schlummerprise,
Denn er ist sehr gewöhnt an diese.

Und nun vertauscht er mit Bedacht
Das Hemd des Tags mit dem der Nacht.

Doch geht's nicht so, wie er wohl möcht,
Denn die Geschichte will nicht recht.

„Potztausend, das ist wunderlich!"
Der Onkel Nolte ärgert sich.

Er ärgert sich, doch hilft es nicht.
Ja siehste wohl! Da liegt das Licht!

Stets größer wird der Ärger nur,
Es fällt die Dose und die Uhr.

Rack! – Stößt er an den Tisch der Nacht,
Was einen großen Lärm gemacht.

Hier kommt die Tante mit dem Licht.
Der Onkel hat schon Luft gekriegt.

„Oh, sündenvolle Kreatur!
Dich mein ich dort! – Ja, schnarche nur!“
Helene denkt: „Dies will ich nun
Auch ganz gewiß nicht wieder tun.“

Drittes Kapitel

Vetter Franz

Helenchen wächst und wird gescheit
Und trägt bereits ein langes Kleid.

„Na, Lene! hast du's schon vernommen?
Der Vetter Franz ist angekommen."
So sprach die Tante früh um achte,
Indem sie grade Kaffee machte.
„Und hörst du, sei fein hübsch manierlich
Und zeige dich nicht ungebührlich,
Und sitz bei Tische nicht so krumm
Und gaffe nicht soviel herum.
Und ganz besonders muss ich bitten:
Das Grüne, was so ausgeschnitten –
Du ziehst mir nicht das Grüne an,
Weil ich's nun mal nicht leiden kann."

„Ei!“ – denkt Helene – „Schläft er noch?“
Und schaut auch schon durchs Schlüsselloch.

Der Franz, ermüdet von der Reise,
Liegt tief versteckt im Bettgehäuse.

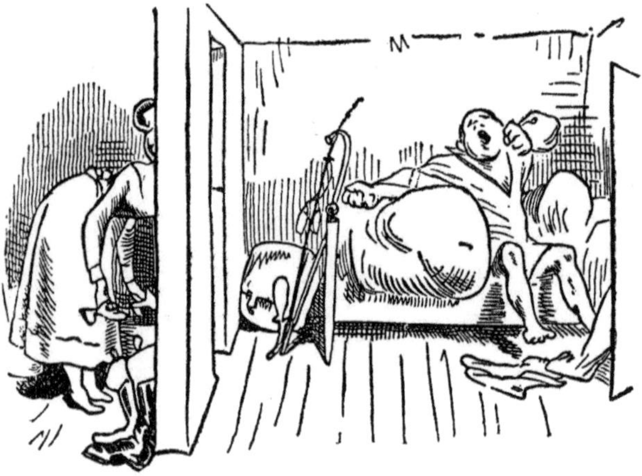

„Ah, ja, ja, jam!“ – so gähnt er eben –
„Es wird wohl Zeit, sich zu erheben

Und sich allmählich zu bequemen,
Die Morgenwäsche vorzunehmen.“

Zum ersten: ist es mal so schicklich,

Zum zweiten: ist es sehr erquicklich;

Zum dritten: ist man sehr bestaubt

Und viertens: soll man's überhaupt,

Denn fünftens: ziert es das Gesicht

Und schließlich: schaden tut’s mal nicht.

Wie fröhlich ist der Wandersmann,
Zieht er das reine Hemd sich an.

Und neugestärkt und friedlich-heiter
Bekleidet er sich emisg weiter.

Und erntet endich stillerfreut

Die Früchte seiner Reinlichkeit.

Jetzt steckt der Franz die Pfeife an,
Helene eilt, so schnell sie kann.

Plemm!! – Stößt sie an die alte Brause,
Die oben steht im Treppenhause.

Sie kommt auf Hännchen hergerollt,
Die Franzens Stiefel holen wollt.

Die Lene rutscht, es rutscht die Hanne;
Die Tante trägt die Kaffeekanne.

Da geht es klirr! und klipp! und klapp!
Und auch der Onkel kriegt was ab.

Viertes Kapitel

Der Frosch

Der Franz, ein Schüler hochgelehrt,
Macht sich gar bald beliebt und wert.
So hat er einstens in der Nacht
Beifolgendes Gedicht gemacht:

Als ich so von ungefähr
Durch den Wald spazierte,
Kam ein bunter Vogel, der
Pfiff und quinquilierte.

Was der bunte Vogel pfiff,
Fühle und begreif' ich:
Liebe ist der Inbegriff,
Auf das andre pfeif' ich.

Er schenkt's Helenen, die darob
Gar hocherfreut und voller Lob.

Und Franz war wirklich angenehm,
Teils dieserhalb, teils außerdem.

Wenn in der Küche oder Kammer
Ein Nagel fehlt – Franz holt den Hammer!

Wenn man den Kellerraum betritt,
Wo's öd und dunkel – Franz geht mit!

Wenn man nach dem Gemüse sah
In Feld und Garten – Franz ist da!

Oft ist zum Beispiel an den Stangen
Die Bohne schwierig zu erlangen.
Franz aber faßt die Leiter an,
Daß Lenchen ja nicht fallen kann.

Und ist sie dann da oben fertig –
Franz ist zur Hilfe gegenwärtig.

Kurzum! Es sei nun, was es sei –
Der Vetter Franz ist gern dabei.

Indessen ganz insonderheit
Ist er voll Scherz und Lustbarkeit.

Schau, schau! Da schlupft und hupft im Grün
Ein Frosch herum! – Gleich hat er ihn!

Und setzt ihn heimlich nackt und bloß
In Nolten seine Tobaksdos'.

Wie nun der sanfte Onkel Nolte
Sich eine Prise schöpfen wollte –

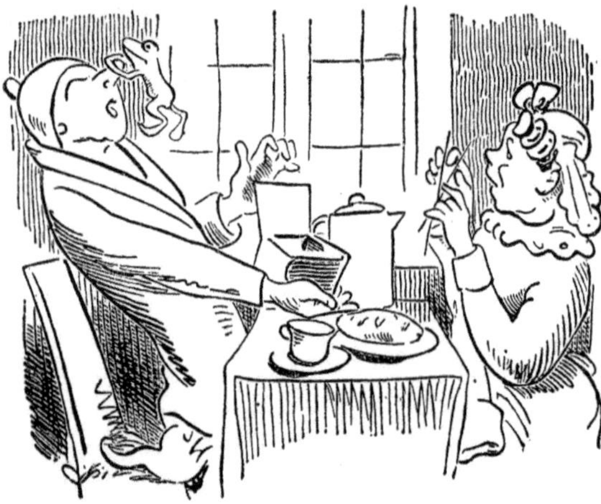

Hucks da! Mit einem Satze saß
Der Frosch an Nolten seiner Nas'.

Platsch! Springt er in die Tasse gar,
Worin noch schöner Kaffee war.

Schlupp! Sitzt er in der Butterbemme
Ein kleines Weilchen in der Klemme.

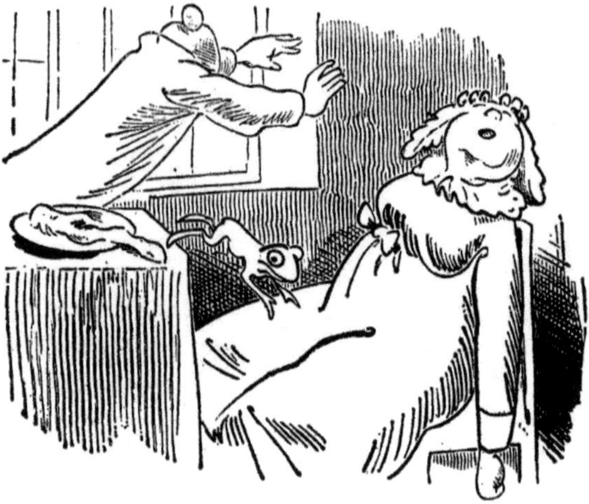

Putsch!! – Ach, der Todesschreck ist groß!
Er hupft in Tante ihren Schoß.

Der Onkel ruft und zieht die Schelle:
„He, Hannchen, Hannchen, komme schnelle!“

Und Hannchen ohne Furcht und Bangen
Entfernt das Scheusal mit der Zangen.

Nun kehrt die Tante auch zum Glück
Ins selbstbewußte Sein zurück.

Wie hat Helene da gelacht,
Als Vetter Franz den Scherz gemacht!

Eins aber war von ihm nicht schön:
Man sah ihn oft bei Hannchen stehn!
Doch jeder Jüngling hat wohl mal
'n Hang fürs Küchenpersonal,
Und sündhaft ist der Mensch im ganzen!
Wie betet Lenchen da für Franzen!!

Nur einer war, der heimlich grollte:
Das ist der ahnungslose Nolte.
Natürlich tut er dieses bloß
In Anbetracht der Tobaksdos'.
Er war auch wirklich voller Freud,
Als nun vorbei die Ferienzeit
Und Franz mit Schrecken wiederum
Zurück muß aufs Gymnasium.

Fünftes Kapitel

Der Liebesbrief

„Und wenn er sich auch ärgern sollte,
Was schert mich dieser Onkel Nolte!“

So denkt Helene, leider Gotts!
Und schreibt dem Onkel grad zum Trotz:

„Geliebter Franz!
Du weißt es ja, Dein bin ich ganz!

Wie reizend schön war doch die Zeit,
Wie himmlisch war das Herz erfreut,

Als in den Schnabelbohnen drin
Ein Jemand eine Jemandin,

Ich darf wohl sagen: herzlich küßte. –
Ach Gott, wenn das die Tante wüßte!

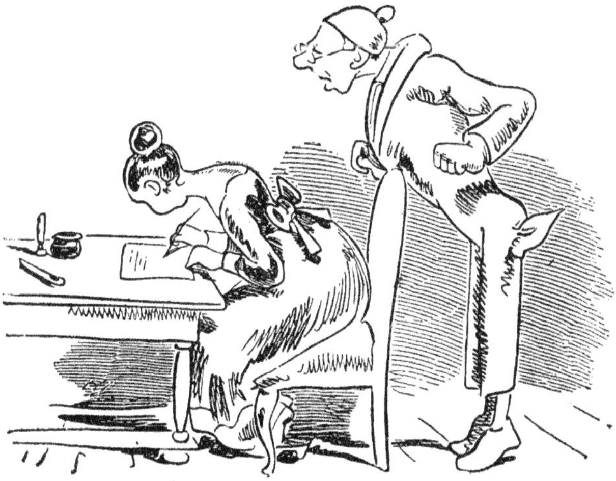

Und ach! wie ist es hierzuland
Doch jetzt so schrecklich anigant!

Der Onkel ist, gottlob, recht dumm,
Die Tante nöckert so herum,

Und beide sind so furchtbar fromm;
Wenn's irgendmöglich, Franz, so komm
Und trockne meiner Sehnsucht Träne!
10.000 Küsse von

Helene!"

Jetzt Siegellack! – Doch weh! Alsbald

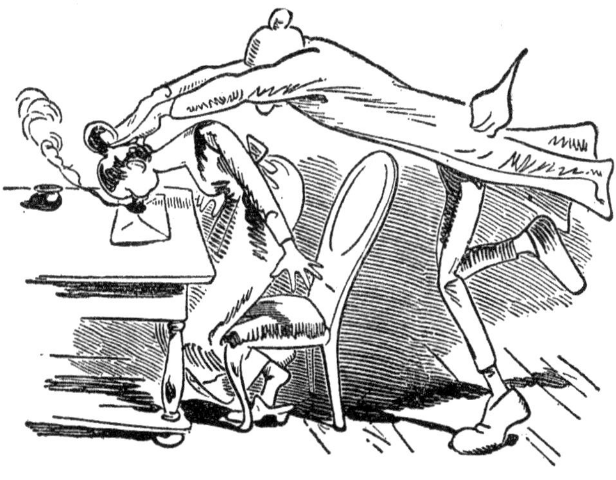

Ruft Onkel Nolte donnernd: „Halt!“

Und an Helenens Nase stracks
Klebt das erhitzte Siegelwachs.

Sechstes Kapitel

Eine unruhige Nacht

In der Kammer, still und donkel,
Schläft die Tante bei dem Onkel.

Mit der Angelschnur versehen
Naht sich Lenchen auf den Zehen.

Zupp! – Schon lüftet sich die Decke
Zu des Onkels großem Schrecke.

Zupp! – Jetzt spürt die Tante auch
An dem Fuß den kalten Hauch.

„Nolte!“ – ruft sie – „Lasse das,
Denn das ist ein dummer Spaß!“

Und mit Murren und Gebrumm
Kehrt man beiderseits sich um.

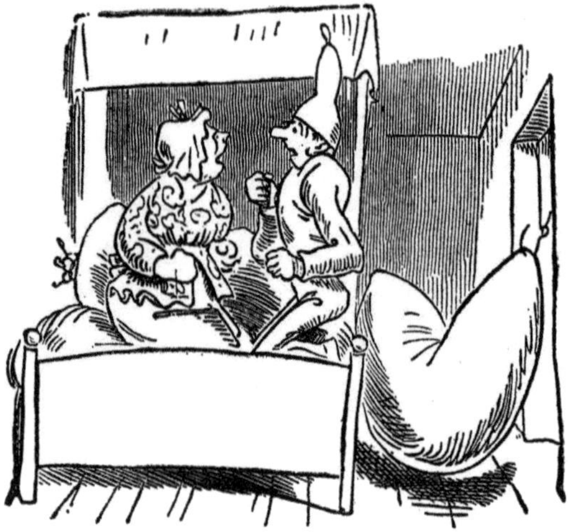

Schnupp! – Da liegt man gänzlich bloß
Und die Zornigkeit wird groß;

Und der Schlüsselbund erklirrt,
Bis der Onkel flüchtig wird.

Autsch! Wie tut der Fuß so weh!
An der Angel sitzt der Zeh.

Lene hört nicht auf zu zupfen,
Onkel Nolte, der muß hupfen.

Lene hält die Türe zu.
Oh, du böse Lene du!

Stille wird es nach und nach,
Friede herrscht im Schlafgemach.

Am Morgen aber wird es klar,
Was nachts im Rat beschlossen war.
Kalt, ernst und dumpf sprach Onkel Nolte:
„Helene, was ich sagen wollte: –“

„Ach!“ – rief sie – „Ach! Ich will es nun
Auch ganz gewiß nicht wieder tun!“

„Es ist zu spät! – drum stantepeh
Pack deine Sachen! – So! – Ade!“

Siebentes Kapitel

Interimistische Zerstreuung

Ratsam ist und bleibt es immer
Für ein junges Frauenzimmer,
Einen Mann sich zu erwählen
Und wo möglich zu vermählen.

Erstens: will es so der Brauch.
Zweitens: will man's selber auch.
Drittens: man bedarf der Leitung
Und der männlichen Begleitung;

Weil bekanntlich manche Sachen,
Welche große Freude machen,
Mädchen nicht allein verstehn;
Als da ist: ins Wirtshaus gehn.

Freilich oft, wenn man auch möchte,
Findet sich nicht gleich der Rechte;
Und derweil man so allein,
Sucht man sonst sich zu zerstreun.

Lene hat zu diesem Zwecke
Zwei Kanari in der Hecke,

Welche Niep und Piep genannt.
Zierlich fraßen aus der Hand
Diese goldignetten Mätzchen;

Aber Mienzi hieß das Kätzchen.

Einstens kam auch auf Besuch
Kater Munzel, frech und klug.

Alsobald so ist man einig. –
Fest entschlossen, still und schleunig

Ziehen sie voll Mörderdrang
Niep und Piep die Hälse lang.

Drauf so schreiten sie ganz heiter
Zu dem Kaffetische weiter.

Mienzi mit den sanften Tätzchen
Nimmt die guten Zuckerplätzchen.
Aber Munzels dicker Kopf
Quält sich in den Sahnetopf.
Grad kommt Lene, welche drüben
Eben einen Brief geschrieben,
Mit dem Licht und Siegellack
Und bemerkt das Lumpenpack.

Mienzi kann noch schnell enteilen,
Aber Munzel muss verweilen;

Denn es sitzt an Munzels Kopf
Festgeschmiegt der Sahnetopf.

Blindlings stürzt er sich zur Erd'.
Klacks! – Der Topf ist nichts mehr wert.

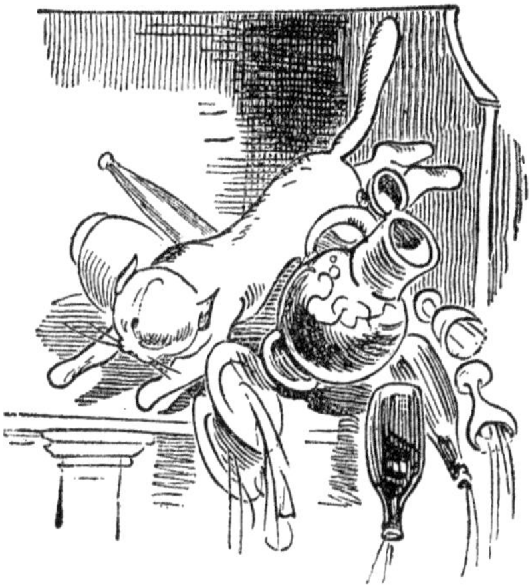

Aufs Büfctt geht es jetzunder;
Flaschen, Gläser – alles runter!

Sehr in Ängsten sieht man ihn
Aufwärts sausen am Kamin.

Ach! – Die Venus ist perdü –
Klickeradoms! – von Medici!

Weh! Mit einem Satze ist er
Vom Kamine an den Lüster;

Und da geht es Klingelingelings!
Unten liegt das teure Dings.

Schnell sucht Munzel zu entrinnen,
Doch er kann nicht mehr von hinnen. –

Wehe, Munzel! – Lene kriegt
Tute, Siegellack und Licht.

Allererst tut man die Tute
An des Schweifs behaarte Rute;

Dann das Lack, nachdem's erhitzt,
Auf die Tute, bis sie sitzt.

Drauf hält man das Licht daran,
Daß die Tute brennen kann.

Jetzt läßt man den Munzel los. –
Mau! – Wie ist die Hitze groß!

Achtes Kapitel

Der Heiratsentschluß

Wenn's einer davon haben kann,
So bleibt er gerne dann und wann
Des Morgens, wenn das Wetter kühle,
Noch etwas liegen auf dem Pfühle.
Und denkt sich so in seinem Sinn:
Na, dämm're noch 'n bissel hin!
Und denkt so hin und denkt so her,
Wie dies wohl wär, wenn das nicht wär. –
Und schließlich wird es ihm zu dumm. –
Er wendet sich nach vorne um,
Kreucht von der warmen Lagerstätte
Und geht an seine Toilette.

Die Propertät ist sehr zu schätzen,

Doch kann sie manches nicht ersetzen.

Der Mensch wird schließlich mangelhaft.

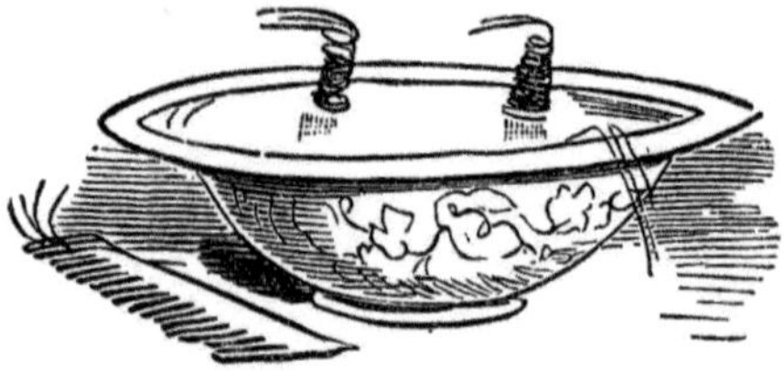

Die Locke wird hinweggerafft.

Mehr ist hier schon die Kunst zu loben,

Denn Schönheit wird durch Kunst gehoben.

Allein auch dieses, auf die Dauer,
Fällt doch dem Menschen schließlich sauer.

„Es sei!“ sprach Lene heute früh –
„Ich nehme Schmöck und Kompanie!“

G. J. C. Schmöck, schon längst bereit,
Ist dieserhalb gar hoch erfreut.
Und als der Frühling kam ins Land,
Ward Lene Madam Schmöck genannt.

Neuntes Kapitel

Die Hochzeitsreise

’s war Heidelberg, das sich erwählten
Als Freudenort die Neuvermählten. –

Wie lieblich wandelt man zu zwein
Zum Schloß hinauf im Sonnenschein.

„Ach, sieh nur mal, geliebter Schorsch!
Hier diese Trümmer, alt und morsch!“

„Ja!“ – sprach er – „Aber diese Hitze!
Und fühle nur mal, wie ich schwitze!“

Ruinen machen vielen Spaß. –
Auch sieht man gern das große Faß.

Und – alle Ehrfurcht! – muß ich sagen.

Alsbald, so sitzt man froh im Wagen

Und sieht das Panorama schnelle
Vorüberziehn bis zum Hotelle;

Denn Spargel, Schinken, Koteletts
Sind doch mitunter auch was Nett's.

„Pist! Kellner! Stell'n Sie eine kalt!
Und, Kellner! Aber möglichst bald!"

Der Kellner hört des Fremden Wort.
Es saust der Frack. Schon eilt er fort.

Wie lieb und luftig perlt die Blase
Der Witwe Klicko in dem Glase. –
Gelobt seist du viel tausendmal!

Helene blättert im Journal.

„Pist! Kellner! Noch einmal so eine!“ –
Helenen ihre Uhr ist neune. –

Der Kellner hört des Fremden Wort.
Es saust der Frack. Schon eilt er fort.

Wie lieb und luftig perlt die Blase
Der Witwe Klicko in dem Glase.

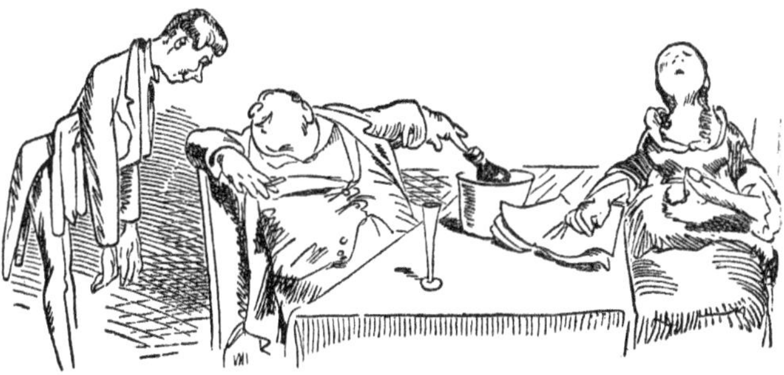

„Pist! Kellner! Noch so was von den!“ –
Helenen ihre Uhr ist zehn. –

Schon eilt der Kellner emsig fort.
Helene spricht ein ernstes Wort.

Der Kellner leuchtet auf der Stiegen.
Der fremde Herr ist voll Vergnügen.

Pitsch! – Siehe da! Er löscht das Licht.

Plums! Liegt er da und rührt sich nicht.

Zehntes Kapitel

Löbliche Tätigkeit

Viele Madams, die ohne Sorgen,
In Sicherheit und wohlgeborgen,
Die denken: Pah! Es hat noch Zeit! –
Und bleiben ohne Frömmigkeit. –

Wie lobenswert ist da Helene!
Helene denkt nicht so wie jene. –
Nein, nein: sie wandelt oft und gerne
zur Kirche hin, obschon sie ferne.

Und Jean mit demutsvollem Blick,
Drei Schritte hinterwärts zurück,
Das Buch der Lieder in der Hand,
Folgt seiner Herrin unverwandt.

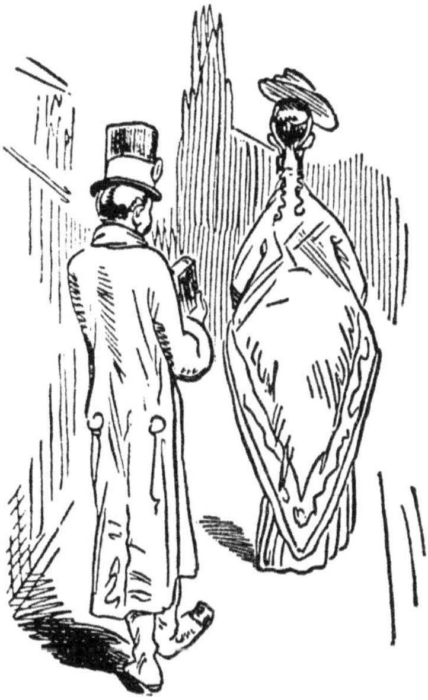

Doch ist Helene nicht allein
Nur auf sich selbst bedacht. – O Nein! –
Ein guter Mensch gibt gerne acht,
Ob auch der andre was Böses macht;
Und strebt durch häufige Belehrung
Nach seiner Beßrung und Bekehrung.

„Schang!“ – sprach sie einstens – „Deine Taschen
Sind oft so dick! Schang! Tust du naschen?

Ja, siehst du wohl! Ich dacht’ es gleich!
O Schang! Denk an das Himmelreich!“

Das Wort drang ihm in die Natur,
So daß er schleunigst Beßrung schwur.

Doch nicht durch Worte nur allein
Soll man den andern nützlich sein.

Helene strickt die guten Jacken,
Die so erquicklich für den Nacken;
Denn draußen wehen rauhe Winde. –
Sie fertigt auch die warme Binde;
Denn diese ist für kalte Mägen
Zur Winterszeit ein wahrer Segen. –
Sie pflegt mit herzlichem Pläsier
Sogar den fränk'schen Offizier,
Der noch mit mehren dieses Jahr
Im Deutschen Reiche seßhaft war.

Besonders aber tat ihr leid
Der armen Leute Bedürftigkeit. –
Und da der Arzt mit Ernst geraten,
Den Leib in warmen Wein zu baden,

So tut sie's auch. Oh, wie erfreut
Ist nun die Schar der armen Leut',
Die, sich recht innerlich zu laben,
Doch auch mal etwas Warmes haben.

Elftes Kapitel

Geistlicher Rat

Viel Freude macht, wie männiglich bekannt,
Für Mann und Weib der heilige Ehestand!
Und lieblich ist es für den Frommen,
Der die Genehmigung dazu bekommen,
Wenn er sodann nach der üblichen Frist
Glücklicher Vater und Mutter ist. –
Doch manchmal ärgert man sich bloß,
Denn die Ehe bleibt kinderlos.

Dieses erfuhr nach einiger Zeit
Helene mit großer Traurigkeit.

Nun wohnte allda ein frommer Mann,
Bei Sankt Peter dicht nebenan,
Von Fraun und Jungfraun weit und breit
Hochgepriesen ob seiner Gelehrsamkeit. –
(Jetzt war er freilich schon etwas kränklich.)

„O meine Tochter!“ – sprach er bedenklich –
„Dieses ist ein schwierig’ Kapitel;
Da helfen allein die geistlichen Mittel!
Drum, meine Beste, ist dies mein Rat:
Schreite hinauf den steilen Pfad
Und folge der seligen Pilgerspur
Gen Chosemont de bon secours,

Denn dorten, berühmt seit alter Zeit,
Stehet die Wiege der Fruchtbarkeit.

Und wer allda sich hinverfügt,
Und wer allda die Wiege gewiegt,
Der spürete bald nach selbiger Fahrt,
Daß die Geschichte anders ward.

Solches hat noch vor etzlichen Jahren
Leider Gotts! eine fromme Jungfer erfahren,
Welche, indem sie bis dato in diesen
Dingen nicht sattsam unterwiesen,
Aus Unbedacht und kindlichem Vergnügen
Die Wiege hat angefangen zu wiegen. –
Und ob sie schon nur ein wenig gewiegt,
Hat sie dennoch ein ganz kleines Kind
gekriegt.

Auch kam da ein frecher Pilgersmann,
Der rühret aus Vorwitz die Wiegen an.
Darauf nach etwa etzlichen Wochen,
Nachdem er dieses verübt und verbrochen,
Und – Doch, meine Liebe, genug für heute!
Ich höre, daß es zur Metten läute.
Addio! Und – Trost sei dir beschieden!
Zeuge hin in Frieden!“

Zwölftes Kapitel

Die Wallfahrt

Hoch von gnadenreicher Stelle
Winkt die Schenke und Kapelle.

Aus dem Tale zu der Höhe,
In dem seligen Gedränge
Andachtsvoller Christenmenge
Fühlt man froh des andern Nähe;
Denn hervor aus Herz und Munde,
Aus der Seele tiefstem Grunde
Haucht sich warm und innig an
Pilgerin und Pilgersmann.

Hier vor allen, schuhbestaubt,
Warm ums Herze, warm ums Haupt,
Oft erprobt in ernster Kraft,
Schreitet die Erzgebruderschaft.
Itzo kommt die Jungferngilde,
Auf den Lippen Harmonie, –
In dem Busen Engelsmilde,
In der Hand das Paraplü. –
Oh, wie lieblich tönt der Chor!
Bruder Jochen betet vor.

Aber dort im Sonnenscheine
Geht Helene traurig-heiter,
Sozusagen, ganz alleine,

Denn ihr einziger Begleiter,
Stillverklärt im Sonnenglanz,
Ist der gute Vetter Franz,

Den seit kurzem die Bekannten
Nur den „heil'gen“ Franz benannten. –
Traulich wallen sie zu zweit
Als zwei fromme Pilgersleut.

Gott sei Dank, jetzt ist man oben!
Und mit Preisen und rnit Loben
Und mit Eifer und Bedacht
Wird das Nötige vollbracht.

Freudig eilt man nun zur Schenke,
Freudig greift man zum Getränke,
Welches schon seit langer Zeit
In des Klosters Einsamkeit

Ernstbesonnen, stillvertraut,
Bruder Jakob öfters braut.

Hierbei schaun sich innig an
Pilgerin und Pilgersmann.

Endlich nach des Tages Schwüle
Naht die sanfte Abendkühle.

In dem gold'nen Mondenscheine
Geht Helene froh und heiter,
Sozusagen, ganz alleine,
Denn ihr einziger Begleiter,
Stillverklärt im Mondesglanz,
Ist der heil'ge Vetter Franz.
Traulich ziehn sie heim zu zweit
Als zwei gute Pilgersleut.
Doch die Erzgebruderschaft

Nebst den Jungfern tugendhaft,
Die sich etwas sehr verspätet,
Kommen jetzt erst angebetet.
Oh, wie lieblich tönt der Chor!
Bruder Jochen betet vor.

Schau, da kommt von ungefähr
Eine Droschke noch daher.

Er, der diese Droschke fuhr,
Frech und ruchlos von Natur,
Heimlich denkend: papperlapp!
Tuet seinen Hut nicht ab.

Weh! Schon schaun ihn grollend an
Pilgerin und Pilgersmann.
Zwar der Kutscher sucht mit Klappen
Anzuspornen seinen Rappen,

Aber Jochen schiebt die lange
Jungfernbundesfahnenstange
Durch die Hinterräder quer –

Schrupp! – und's Fuhrwerk geht nicht mehr. –

Bei den Beinen, bei dem Rocke
Zieht man ihn von seinem Bocke;

Jungfer Nanni mit der Krücke
Stößt ihn häufig ins Genicke.
Aber Jungfer Adelheid
Treibt die Sache gar zu weit,

Denn sie sticht in Kampfeshitze
Mit des Schirmes scharfer Spitze;
Und vor Schaden schützt ihn bloß
Seine warme Lederhos'. –

Drauf so schaun sich fröhlich an
Pilgerin und Pilgersmann,

Fern verklingt der Jungfernchor,
Bruder Jochen betet vor.

Doch der böse Kutscher, dem
Alles dieses nicht genehm,
Meldet eilig die Geschichte
Bei dem hohen Stadtgerichte.
Dieses ladet baldigst vor
Jochen und den Jungfernchor.

Und das Urteil wird gesprochen:
Bruder Jochen kriegt drei Wochen,
Aber Jungf- und Bruderschaften
Sollen für die Kosten haften. –

Ach! Da schaun sich traurig an
Pilgerin und Pilgersmann.

Dreizehntes Kapitel

Die Zwillinge

Wo kriegten wir die Kinder her,
Wenn Meister Klapperstorch nicht wär?

Er war's, der Schmöcks in letzter Nacht
Ein kleines Zwillingspaar gebracht.

Der Vetter Franz, mit mildem Blick,
Hub an und sprach: „Oh, welches Glück!
Welch' kleine, freundliche Kollegen!
Das ist fürwahr zwiefacher Segen!
Drum töne zwiefach Preis und Ehr!
Herr Schmöck, ich gratuliere sehr!"

Bald drauf um zwölf kommt Schmöck herunter,

So recht vergnügt und frisch und munter.
Und emsig setzt er sich zu Tische,
Denn heute gibt's Salat und Fische.

Autsch! – Eine Gräte kommt verquer,
Und Schmöck wird blau und hustet sehr;

Und hustet, bis ihm der Salat
Aus beiden Ohren fliegen tat.

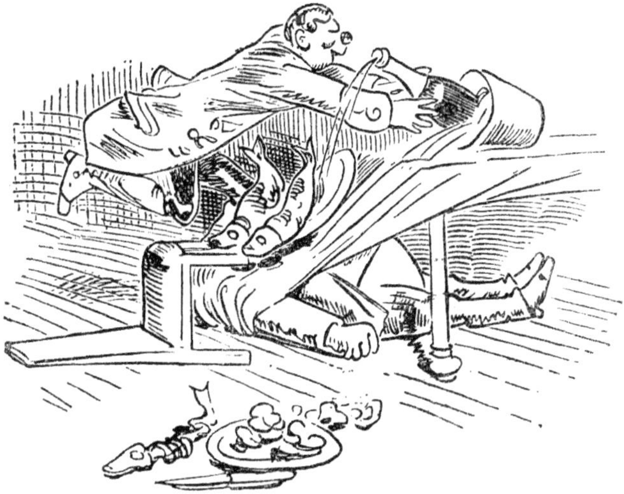

Bums! Da! Er schließt den Lebenslauf.
Der Jean fängt schnell die Flasche auf.

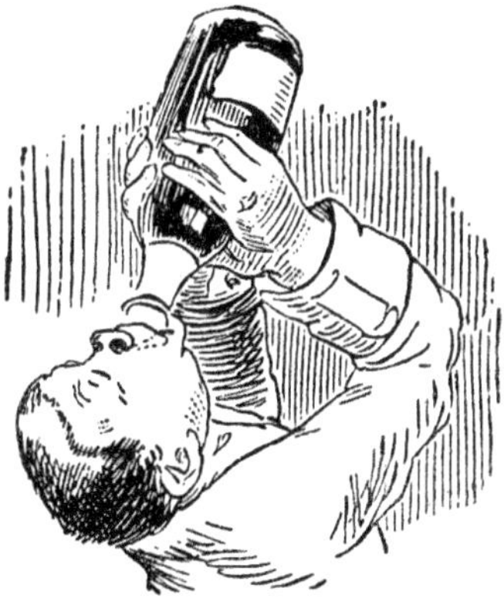

„Oh!“ – sprach der Jean – „es ist ein Graus!
Wie schnell ist doch das Leben aus!“

Vierzehntes Kapitel

Ein treuloser Freund

„O Franz!“ – spricht Lene – und sie weint –
„O Franz! Du bist mein einz’ger Freund!“
„Ja!“ – schwört der Franz mit mildem Hauch –
„Ich war’s, ich bin’s und bleib’ es auch!

Nun gute Nacht! Schon tönt es zehn!
Will's Gott! Auf baldig Wiedersehn!"

Die Stiegen steigt er sanft hinunter. –
Schau, schau! Die Kathi ist noch munter.

Das freut den Franz. – Er hat nun mal
’n Hang fürs Küchenpersonal.

Der Jean, der heimlich näher schlich,
Bemerkt die Sache zorniglich.

Von großer Eifersucht erfüllt,
Hebt er die Flasche rasch und wild.

Und – Kracks! es dringt der scharfe Schlag
Bis tief in das Gedankenfach.

’s aus! – der Lebensfaden bricht. –
Helene naht. – Es fällt das Licht. –

Fünfzehntes Kapitel

Die Reue

Ach, wie ist der Mensch so sündig!
Lene, Lene! Gehe in dich!

Und sie eilet tieferschüttert
Zu dem Schranke schmerzdurchzittert.

Fort! Ihr falschgesinnten Zöpfe,
Schminke und Pomadentöpfe!

Fort! Du Apparat der Lüste,
Hochgewölbtes Herzgerüste!

Fort vor allem mit dem Übel
Dieser Lust- und Sündenstiebel!

Trödelkram der Eitelkeit,
Fort, und sei der Glut geweiht!

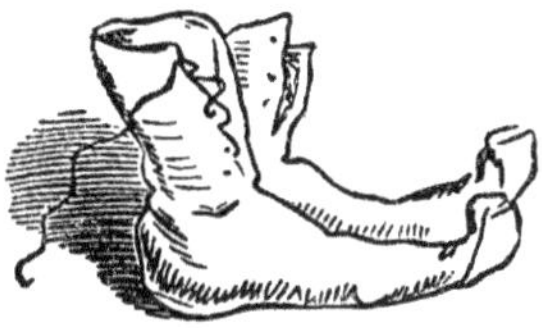

O wie lieblich sind die Schuhe
Demutsvoller Seelenruhe!

Sieh, da geht Helene hin,
Eine schlanke Büßerin!

Sechzehntes Kapitel

Die Versuchung

Es ist ein Brauch von alters her:
Wer Sorgen hat, hat auch Likör!

„Nein!“ – ruft Helene – „Aber nun
Will ich's auch ganz – und ganz – und ganz –
und ganz gewiß nicht wieder tun!“

Sie kniet von ferne fromm und frisch.
Die Flasche stehet auf dem Tisch.

Es läßt sich knien auch ohne Pult.
Die Flasche wartet mit Geduld.

Man liest nicht gerne weit vom Licht.
Die Flasche glänzt und rührt sich nicht.

Oft liest man mehr als wie genug.
Die Flasche ist kein Liederbuch.

Gefährlich ist des Freundes Nähe.
O Lene, Lene! Wehe, wehe!

O sieh! – Im sel'gen Nachtgewande
Erscheint die jüngstverstor'ne Tante.

Mit geisterhaftem Schmerzgetöne –
„Helene!“ – ruft sie – „Oh, Helene!!!“

Umsonst! – Es fällt die Lampe um,
Gefüllt mit dem Petroleum.

Und hilflos und mit Angstgewimmer
Verkohlt dies fromme Frauenzimmer.

Hier sieht man ihre Trümmer rauchen,
Der Rest ist nicht mehr zu gebrauchen.

Siebzehntes Kapitel

Triumph des Bösen

Hu! Draußen welch ein schrecklich Grausen!
Blitz, Donner, Nacht und Sturmesbrausen! –

Schon wartet an des Hauses Schlote
Der Unterwelt geschwänzter Bote.

Zwar Lenens guter Genius
Bekämpft den Geist der Finsternus.

Doch dieser kehrt sich um und packt
Ihn mit der Gabel zwiegezackt.

O weh, o weh! Der Gute fällt!
Es siegt der Geist der Unterwelt.

Er faßt die arme Seele schnelle

Und fährt mit ihr zum Schlund der Hölle.

Hinein mit ihr! Huhu! Haha!
Der heli'ge Franz ist auch schon da.

Schluß

Als Onkel Nolte dies vernommen,
War ihm sein Herze sehr beklommen.

Doch als er nun genug geklagt:
„Oh!“ – sprach er – „Ich hab’s gleich gesagt!

Das Gute – dieser Satz steht fest –
Ist stets das Böse, was man läßt!

Ei, ja! – Da bin ich wirklich froh!
Denn, Gott sei Dank! Ich bin nicht so!!“

An Helene

Zum 75. Geburtstage Buschs besorgte sein Verleger Otto Bassermann eine Festausgabe der „Frommen Helene“. Zu diesem Anlaß schrieb Busch das Gedicht „An Helene“, das hier ein Nachwort aus dem Munde Buschs sein soll.

An Helene

So hat sich denn schon sechsunddreißig Male
Das Jahr erneut in diesem Erdentale,
Seit du erschienst in deiner Schändlichkeit.
Viel ist passiert von dazumal bis heut,
Darunter viel, was wir nicht gern erlebten.
Die Bomben krachten und die Berge bebten,
Zum Teil ins Wackeln kam das Weltgerüst.
Indes, so sehr wir uns darob betrübten,
Wir faßten uns, wir aßen, tranken, liebten
Und dachten nach, was schlau und nützlich ist,
Und machten es und brauchten's mit Behagen.

Jüngst träumte mir, im neusten Sausewagen,
Dem unverschämten, dennoch wundersamen,
Der so beliebt, besonders bei den Damen.
Denn alles Neue liebten sie ja stets,
Kämst du mir, altes Lenchen, flink verwegen,
Staub und Gerüche hinter Dir, entgegen.
Ich war erstaunt und fragte Dich, wie geht's?

Dcr Herr Verleger, der Dein Pflegevater,
Verehrte, seh ich, Dir ein neu Kostüm.
Mach einen Knicks. Es war doch nett von ihm.

Demnach, obwohl Du längst schon aus dem Schneider,
Spielst Du noch immer – manche sagen leider! –
Vor jedermann auf dem Papiertheater
Ganz unverfroren Deine losen Streiche.

Du hast dich nicht gebessert, bliebst die gleiche,
Neckst immer noch den Onkel, schreckst die Tante,
Die beide doch so brave Anverwandte,
Und eben dies macht uns ein Hauptvergnügen,
Wenn Biederleute, die allhier auf Erden
Geruhig leben, recht gehudelt werden,
Daß sie vor Ärger fast die Kränke kriegen.

Zwar, was die Alten sind, die abgeklärten,
Die Speckphilister, die sich gut ernährten,
Sie kennen eine bess're Unterhaltung.
Allabendlich siehst Du sie schwitzend wandeln,
Um über die verderbte Stadtverwaltung
Im Volksverein laut dröhnend zu verhandeln.
Dort zeigen frei sie ihre Redegaben,
Sie, die zu Hause nichts zu sagen haben.

Doch eines sei erwähnt zu ihren Ehren
Sie waren treu bemüht, sich zu vermehren.

Ein junger Nachwuchs kam, dem jene Sachen
Zu ernsthaft sind, man möchte lieber lachen,
Und kindlich harmlos hascht man nach Genüssen
In Wort und Bild, als gäb es kein Gewissen.
Man denkt sich halt: es ist ja Phantasie,
Ein Puppenspiel. Wir täten so was nie.

Die Frommen aber, die vorüberradeln,
Die uns vermutlich in die Gosse rennten,
Wenn sie vor Lachen und Entrüstung könnten,
Sie sind mal so, wir wollen sie nicht tadeln,
Ersuchen sie vielmehr sich zu getrösten:
Die Narren sterben, auch die allergrößten.

Sobald nur hundert Jahre erst verflossen,
Wo, unter andern, sind dann unsre Possen?
Die Lampe fällt. Was bleibt noch auf der Szene?
Ein Häuflein Asche, wie von Dir, Helene.
Drauf kommt die Zeit mit ihrem Reiserbesen
Und fegt es weg, als wär es nie gewesen.

Mir selbst ist so, als müßt ich bald verreisen –
Die Backenzähne schenkt ich schon den Mäusen –
Als müßt ich endlich mal den Ort verändern
Und weiter ziehn nach unbekannten Ländern.

Mein Bündel ist geschnürt. Ich geh zur See.
Und somit, Lenchen, sag ich Dir ade!

Lieferbare Titel des Verlages 28 Eichen

Sir Arthur Conan Doyle

Ausgewählte Werke in 44 Bänden

HERAUSGEGEBEN VON OLAF R. SPITTEL

Band 1: Das Geheimnis von Cloomber
Band 2: Ein gefährlicher Ausflug
Band 3: Im Giftstrom
Band 4: Die Abenteuer des Louis de Laval
Band 5: Mammon & Co.
Band 6: Die verlorene Welt
Band 7: Der Parasit
Band 8: Geschichten am Kamin
Band 9: Die Abenteuer des Brigadier Gérard, 1
Band 10: Die Abenteuer des Brigadier Gérard, 2
Band 11: Die grüne Flagge
Band 12: Mein Freund der Mörder
Band 13: Die Réfugiés
Band 14: Die Abenteuer des Micha Clarke
Band 15: Ein Duett
Band 16: Lady Sannox
Band 17: Sherlock Holmes 1 - Späte Rache
Band 18: Sherlock Holmes 2 - Das Zeichen der Vier
Band 19: Sherlock Holmes 3 - Die Abenteuer
Band 20: Sherlock Holmes 4 - Die Erinnerungen
Band 21: Sherlock Holmes 5 - Der Baskerville-Hund
Band 22: Sherlock Holmes 6 - Die Auferstehung
Band 23: Sherlock Holmes 7 - Das Tal der Angst
Band 24: Sherlock Holmes 8 - Die Zugabe
Band 25: Sherlock Holmes 9 - Das Archiv
Band 26: Der Krieg in Südafrika
Band 27: Das Congoverbrechen
Band 28: Der Tauchbootkrieg
Band 29: Lord Barrymore
Band 30: Die rote Lampe
Band 31: Die Bekenntnisse des Stark Munro
Band 32: Der Silberspiegel
Band 33: Das Grauen
Band 34: Der Skandal im Regiment
Band 35: Das Duell
Band 36: Das Nebelland
Band 37: Der Rand des Unbekannten
Band 38: Sir Nigel
Band 39: Mr. Raffles Haw
Band 40: Die White Company (in Vorbereitung)
Band 41: Vor der Stadt (in Vorbereitung)
Band 42: Napoleons großer Schatten (in Vorbereitung)
Band 43 Rodney Stone (in Vorbereitung)
Band 44: Erinnerungen und Abenteuer (in Vorbereitung)

Nordeuropäische Literatur des 18./19. Jahrhunderts

HERAUSGEGEBEN VON NADINE ERLER

Minna Canth 1:	Anna Liisa
Minna Canth 2:	Arme Leute
Minna Canth 3:	Die Familie des Pfarrers
Minna Canth 4:	Die Frau des Arbeiters
Minna Canth 5:	Hanna
Minna Canth 6:	Sylvi
Minna Canth 7:	Unglückskinder
Minna Canth 8:	Agnes
Minna Canth 9:	Verborgene Klippen
Minna Canth 10:	Der Einbruch
Minna Canth 11:	Die spiritistische Sitzung
Fredrika W. Carstens:	Der Efeu
Aagje Deken & Betje Wolff:	Sara Burgerhart
Charlotta Falkman:	Ein Pfarrhof in N-d
Mathilde Fibiger:	Clara Raphael. Zwölf Briefe
Theodolinda Hahnsson:	Die Kinderauktion
Fredrika Runeberg:	Frau Catharina Boije und ihre Töchter

und in Vorbereitung:

Magnús Eiríksson:	Briefe an Clara Raphael
Mathilde Fibiger:	Minona

www.verlag28eichen.de

Gegenwart & Satire

UND EINIGES ZWISCHEN DEN STÜHLEN
– ZWISCHEN KRIMI UND SCIENCE FICTION –

Fritz Becker:	Umbachs Irrtum
Klauspeter Bungert:	Interview. Erzählung
Klauspeter Bungert:	Dramen. Band 1
Klauspeter Bungert:	Dramen. Band 2
Klauspeter Bungert:	Dramen. Band 3
Klauspeter Bungert:	Dramen. Band 4
Wilhelm Busch:	Eduards Traum & Hans Huckebein
Wilhelm Busch:	Der Schmetterling & Die fromme Helene
Sigrid Ertl:	Tartüff für Anfänger. Kriminalstück
Jörg Greck:	Rein rechtlich ist das alles kein Problem
Renegald Gruwe:	Gedankenteilung
Lutz Hartmann:	Reisewarnung
Lutz Hartmann:	Die Baguette-Revolution
Lutz Hartmann:	Das Forsthaus im Exin
Lutz Hartmann:	Brainman
Lutz Hartmann:	Irr-Land
Lutz Hartmann:	Nicht ganz legal
Lutz Hartmann:	Sudden Breakdown
Lutz Hartmann:	Trip nach Cairo
Lutz Hartmann:	Volksvertreter
Lutz Hartmann:	Weltfremd
Lutz Hartmann:	Yonder
Lucy M. Montgomery:	Anne im Rainbow Valley
Lucy M. Montgomery:	Jane auf Lantern Hill (in Vorbereitung)
Lucy M. Montgomery:	Kilmeny im Obstgarten
Kurt Nikolaus:	Zu Gast bei Sherlock Holmes
Karin Schäfer:	Teuflische Verträge
Hermann H. Schmitz:	Buch der Katastrophen
Hermann H. Schmitz:	Der Säugling
Olaf R. Spittel:	Fall nach oben
Olaf R. Spittel:	Inside
Olaf R. Spittel:	Leben nach dem Computer
Olaf R. Spittel:	Zauberhafte Rätsel
Olaf R. Spittel:	Bibliographie der SF in der DDR

NICHT MEHR LIEFERBAR

S. Koriath:	Teuflische Früchte
W. Roscher:	Himmelspforten, mon amour
P. Wayand:	Codename Blaue Blume
P. Wayand:	Der Fall Conan Doyle
P. Wayand:	Ich möchte weinen über Goethe
P. Wayand:	Rosensieg
P. Wayand:	Sünde

WILHELM BUSCH

EDUARDS TRAUM & HANS HUCKEBEIN

VERLAG 28 EICHEN